Padre Giacomo

Du même auteur

Gaston de Renty. Une figure spirituelle du xviiie siècle, Résiac, 1985 ; édition révisée et augmentée, Éditions du Carmel, Toulouse, 2012.

Padre Pio, le stigmatisé, Perrin, Paris, 1988 (rééditions augmentées en 1999 et 2002) ; Tempus (édition de poche, révisée et complétée), Paris, 2004 ; traduit en italien et en espagnol.

Paul VI, le pape écartelé, Perrin, Paris, 1993 ; édition révisée et augmentée, Via Romana, Le Chesnay, 2008 ; traduit en italien et aux États-Unis.

Pie IX, pape moderne, Clovis, Suresnes, 1995 ; édition révisée et complétée, Clovis, Suresnes, 2016 ; traduit en italien, aux États-Unis et en espagnol.

Veilleur avant l'aube. Le P. Eugène de Villeurbanne, Clovis, Suresnes, 1997.

Saint Pie X, réformateur de l'Église, Publications du Courrier de Rome, Versailles, 1999 ; traduit aux États-Unis et en polonais.

Enquête sur les béatifications et les canonisations, Perrin, Paris, 1998 ; Tempus (édition de poche, révisée et complétée), Paris, 2011.

Enquête sur les miracles de Lourdes, Perrin, Paris, 2000 ; édition révisée et complétée, Perrin, Paris, 2008 ; traduit en italien, en roumain et au Brésil.

Enquête sur les apparitions de la Vierge, Perrin, Paris, 2002 ; Tempus (édition de poche, mise à jour et complétée), 2007 ; traduit en roumain.

Pie IX et la franc-maçonnerie, Éditions BCM, Niherne, 2000.

La véritable histoire de sainte Rita, Perrin, Paris, 2001 ; traduit en espagnol et en italien.

Pie XI, Perrin, Paris, 2004 ; édition révisée et augmentée, Via Romana, Le Chesnay, 2013 ; traduit en italien.

Katharina Tangari, Publications du Courrier de Rome, 2006 ; traduit en italien.

Frère Roger, Perrin, Paris, 2008 ; édition révisée, Presses de la Renaissance, Paris, 2018 ; traduit en italien et en allemand.

Pourquoi Pie XI a-t-il condamné à l'Action française ? (en collaboration avec Émile Poulat), Éditions BCM, Niherne, 2009.

Medjugorje démasqué, nouvelle édition augmentée, Via Romana, Le Chesnay, 2010.

La Papauté contemporaine (XIXe-XXe siècles), ouvrage collectif, Bibliothèque de la R.H.E./Archivio Segreto Vaticano, Louvain-Rome, 2010.

(Suite p. 182)

Yves Chiron

PADRE GIACOMO

L'humble confesseur pèlerin de Lourdes

ARTÈGE

Éditions Artège
9 espace Méditerranée – 66000 Perpignan
10 rue Mercœur – 75011 Paris

www.editionsartege.fr

ISBN : 979-10-336-1322-0
EAN Epub : 9791033613497

Préface

Fra Giacomo était un pauvre. Pauvre dans sa santé, pauvre dans son peu d'aptitude aux études. Mais cette pauvreté a rejoint l'appel profond de son cœur, l'appel du Seigneur à vivre cette pauvreté dans l'esprit franciscain en entrant chez les capucins de Rovigo. Il y a ceux pour qui l'entrée dans la vie religieuse est une rupture. Et ceux pour qui elle naît tout simplement là, dans la vie familiale vécue à l'ombre du clocher paroissial et la proximité d'un couvent. Fra Giacomo s'est laissé attirer par cette communauté de frères si exigeants dans leur vie de prière comme dans l'observance de la règle franciscaine, et si proches de la population qu'ils visitaient en mendiant et en prêchant. La vie pauvre de ces moines a rejoint les pauvretés de Beniamino Filon. Il a compris qu'elles n'étaient pas un obstacle pour une vie consacrée à Dieu, mais que ce serait aussi par elles, en elles, que le Seigneur accomplirait son œuvre de grâce.

C'est ce qui s'est produit. Et c'est précisément ce dont nous parle la vie de Fra Giacomo : une vie dont les hommes ne savaient pas quoi faire parce qu'en constatant ses infirmités, ses supérieurs hésitaient à l'ordonner prêtre, ne sachant quelle mission lui confier. Mais une vie qui a été offerte, consacrée à Dieu dans la vie religieuse et que Dieu, lui, a bien voulu accepter pour répandre sa miséricorde.

« Donnons à ce pauvre religieux la satisfaction de célébrer quelques messes avant de mourir » : voilà l'argument qui semble l'avoir emporté pour décider de sa consécration dans le sacerdoce. Mais c'est vers le ministère de la confession que Dieu a attiré le frère Giacomo. À l'écoute de ses pénitents, respectueux, encourageant, travailleur, disponible, il s'est donné de tout son cœur de prêtre à cette mission de réconciliation, de prédication sacramentelle de la miséricorde du Père.

Il a mis tout particulièrement ce ministère au service des prêtres du diocèse d'Udine et de sa région. Ils ont trouvé en lui, au milieu des soucis de l'apostolat, le reflet du visage du Père des cieux qui écoute, réconforte, pardonne et envoie.

Voilà une existence dépourvue de tout attrait aux yeux des hommes, une vie sans titre universitaire, sans responsabilité ecclésiale, sans initiative pastorale innovante, une vie qui s'est laissée transfigurer par le Saint-Esprit pour devenir un lieu où les fidèles, et particulièrement les prêtres, pouvaient faire l'expérience de la proximité et de la bonté de Dieu.

Les prêtres. Don Giacomo les a confessés. Mais il leur a donné égalcment l'image d'une vie sacerdotale féconde au milieu des épreuves de santé. Don Giacomo prêchait difficilement. Il avait du mal à se tenir debout. Il ne pouvait pas déployer les activités ordinaires d'un pasteur : l'enseignement, les visites, la présence active auprès des jeunes. Célébrer de longues liturgies lui était impossible. Peu à peu, dans l'obéissance à ses supérieurs, il a trouvé le sens de sa mission, ce qu'il pouvait apporter aux fidèles d'Udine : le pardon de Dieu signifié dans le sacrement de la confession. Quel exemple il a été pour les prêtres du diocèse par sa vie féconde malgré les handicaps, par sa vie toute consacrée au salut des âmes malgré les contrariétés imposées par la maladie ! Dans sa pauvreté il s'est laissé conduire et modeler par le Saint-Esprit. C'est ainsi que sa vie sacerdotale s'est déployée dans le silence et la joie de donner le pardon. Mais également dans l'offrande de soi-même pour la sanctification des prêtres.

Lourdes. Fra Giacomo avait une dévotion particulière pour Notre-Dame de Lourdes. En 1923, déjà, il avait déposé une statue de la Vierge de Massabielle dans l'anfractuosité d'un mur du couvent de Thiene. C'est à Lourdes qu'il est mort. Parti en pèlerinage, il savait qu'il n'en reviendrait pas. Il n'y allait pas pour guérir mais pour y mourir, comme dans les bras de Marie, consolé par sa présence en chantant avec elle le *Magnificat.* Voilà un pèlerin malade qui n'a même pas pu aller jusqu'à la grotte parce que le voyage en train l'avait épuisé, un pèlerin handicapé qui n'a pas été guéri, mais qui a laissé, à Lourdes, le souvenir d'un saint. Sa tombe, fleurie depuis 1948, est l'objet d'un pèlerinage constant de la part des fidèles de nombreux pays.

En Fra Giacomo nous retrouvons Bernadette : sa simplicité, sa foi, sa vie humble et cachée, sa consécration à Dieu dans le silence d'un couvent, son amour pour Marie, sa confiance dans l'Église. Bernadette a quitté Lourdes en 1866 pour ne plus y revenir, sa mission de messagère accomplie. Fra Giacomo est venu à Lourdes pour y finir sa vie, comme invité, comme attiré par Notre-Dame.

On ne peut s'empêcher de penser qu'il a rejoint, pour les bénir, pour les soutenir de sa prière, pour les encourager, les chapelains et les centaines de prêtres qui viennent chaque année confesser au sanctuaire.

La confession est un ministère qui demande une grande écoute, de la patience, de la disponibilité, de l'attention pour comprendre les situations complexes, les drames secrets, la lourdeur des épreuves, la profondeur des impasses que les pèlerins viennent exposer au prêtre. Si le combat spirituel a lieu dans le cœur des fidèles parce qu'ils doivent accepter de faire la vérité sur eux-mêmes, sur la manière de conduire leur vie, sur des choix qu'ils ont faits, parce qu'ils doivent accepter de se confier, de mettre des mots sur ce qui trouble leur conscience, de se convertir et d'accueillir le salut, ce combat existe aussi dans le cœur des prêtres qui confessent. Ils doivent avoir le cœur et l'esprit disponibles ; ils doivent faire preuve de discernement et trouver les mots justes ; ils doivent aussi gérer leurs propres émotions, prendre du recul et conserver un regard surnaturel sur les pénitents et les situations qui leur sont soumises. Le ministère de la confession engage le prêtre dans tout ce qu'il est. Il est l'instrument de la miséricorde du Seigneur, mais il est aussi un père qui aide, qui encourage, qui discerne, qui rectifie, qui met de la lumière pour aider le pèlerin à reprendre la route.

Dans son ministère de confession, Fra Giacomo « usait de peu de paroles, mais sereines et encourageantes. Ceux qui l'approchaient repartaient avec la sérénité dans le cœur et la volonté de faire le bien[1] ». L'art de la confession exige beaucoup de délicatesse, d'humilité, de discrétion et d'esprit surnaturel. Par sa manière de confesser, Fra Giacomo, dans sa pauvreté, dans sa fragilité, habité par son amour du Seigneur, a su ouvrir, pour les fidèles d'Udine, les portes de la miséricorde du Père. Mort à Lourdes, reposant dans le cimetière de Langelle en centre-ville, il prie certainement pour tous les prêtres qui exercent encore aujourd'hui le ministère de la confession au

1. *Positio*, p. 163.

sanctuaire, intercédant pour eux, demandant des grâces de lumière et de paix pour accueillir les fidèles qui, à genoux, viennent boire à la source de la miséricorde divine.

† Nicolas Brouwet
Évêque de Nîmes

Introduction

Padre Giacomo, capucin du couvent d'Udine, au nord de l'Italie, mort saintement à Lourdes en 1948, n'a pas eu une vie remplie de phénomènes extraordinaires comme saint Padre Pio, capucin lui aussi. Il n'a pas laissé non plus d'écrits spirituels qui en feraient un maître de la mystique. De lui, il ne reste qu'une cinquantaine de lettres, adressées principalement à sa famille, et quatre prières écrites pendant ses études chez les capucins ou pendant la Seconde Guerre mondiale.

Vingt ans après sa mort, deux petits livres hagiographiques lui ont été consacrés : l'un en 1968, écrit par Don Mario Toller, prêtre d'Udine, à la demande de certains fidèles ; l'autre, en 1969, écrit à la demande de ses supérieurs, par le père Fernando de Riese Pio X, capucin de la province de Padoue[1]. Le père Fernando, qui fut vice-postulateur de trois causes de béatification de religieux de son ordre, n'avait pas connu personnellement Padre Giacomo. Il ne savait de lui que ce qu'on en disait dans la province capucine et par sa réputation de sainteté qui se répandait. Il reconnaîtra qu'avant de commencer son livre il était réticent à considérer le capucin d'Udine

1. Mario Toller, *Il cappuccino Padre Giacomo da Balduina. Carità paziente e fiduciosa*, Arti grafiche friulane, Udine, 1968, 75 pages et Fernando da Riese Pio X, *Giacomo da Balduina. Il cappuccino che si fermo a Lourdes*, Arti grafiche friulana, Udine, 1969, 59 pages (trad. française sous le titre *Appelé par Notre-Dame à Lourdes*, Trifolium, Strasbourg, 2019, 79 pages).

comme digne des autels par ses vertus héroïques et il estimait qu'il ne serait pas justifié d'ouvrir un procès de béatification. Néanmoins, il accepta d'écrire la vie de son confrère, par esprit d'obéissance envers ses supérieurs. Il changera d'avis et sera convaincu de la sainteté du confesseur d'Udine en recueillant le témoignage des laïcs et des prêtres diocésains qui l'avaient connu et des religieux qui avaient vécu avec lui.

Mgr Bortignon, évêque de Padoue à partir de 1949, qui appartenait lui aussi à l'ordre capucin et qui avait bien connu Padre Giacomo depuis l'époque du séminaire séraphique de Vérone, préfaça le petit livre du père Fernando de Riese Pio X. Il dira que la sainteté de Padre Giacomo s'est surtout manifestée « par la prière fervente, l'acceptation constante et généreuse des croix quotidiennes, l'accomplissement consciencieux et cordial du ministère de la confession[2] ». Padre Giacomo, écrivait aussi son ancien confrère, « nous enseigne la "sagesse de la Croix", à laquelle le monde d'aujourd'hui est particulièrement allergique alors qu'il en a absolument besoin ».

Le procès de béatification, qui a été ouvert en 1984, a été l'occasion de mener une enquête documentaire sur sa famille, l'éducation qu'il a reçue, sa formation dans différents couvents, sa vie religieuse, le ministère de la confession qui fut, avec la direction spirituelle, son seul apostolat. Ce procès a permis aussi de recueillir, sous serment, la déposition de 54 témoins (évêques, prêtres, religieux et laïcs) qui avaient connu Padre Giacomo. Certains témoignages sont très longs et circonstanciés, ainsi celui de Frère Accursio de Castions, qui a vécu en communauté avec Padre Giacomo à deux reprises, de 1932 à 1934 et de 1943 à 1945. Il a fait deux dépositions

2. Préface de Mgr Girolamo Bortignon à P. Fernando da Riese Pio X, *Appelé par Notre-Dame à Lourdes*, *op. cit.*

orales, en 1984 et 1987, et laissé trois témoignages écrits, rédigés à différentes époques (1967, 1977 et 1984).

Le *Summarium*, qui rassemble toutes ces dépositions faites sous serment, forme un volume de près de trois cents pages. Il est suivi d'une *Biographia documenta*, de quelque deux cents pages, rédigée par deux *periti storici* (historiens experts) désignés par la Congrégation pour les causes des saints. Cette *Biographia documenta* n'est pas une biographie historique telle qu'on l'entend dans le monde universitaire, puisqu'elle ne se fonde que sur le *Summarium*, mais elle constitue une première vue générale, fiable parce que fondée sur des témoignages directs[3].

Ces deux sources, très précieuses, ont permis de mener une recherche biographique pour situer la vie de Padre Giacomo dans le contexte historique de son temps, dans l'histoire de l'ordre capucin et essayer d'appréhender son itinéraire spirituel particulier. Padre Giacomo est mort prématurément, à 48 ans – vingt-deux années dans le siècle et vingt-six années dans la vie religieuse –, au terme d'une vie marquée, pour sa plus grande partie, par la maladie – un parkinsonisme post-encéphalitique diront les médecins –, mais aussi par le ministère de la confession. Sa *fama sanctitatis* (réputation de sainteté) a pris une dimension inattendue et incessante depuis sa mort.

On pourrait considérer que Padre Giacomo fut un religieux menant la même vie que les autres capucins. Le père Zaccaria de San Mauro, qui l'a connu dès 1917 et fut son condisciple dans divers couvents avant d'être son professeur, puis de le revoir régulièrement quasiment

3. *Summarium* et *Biografia documenta* font partie de la *Positio* qui a été présentée à la Congrégation pour les causes des saints en 2000. Elle a été imprimée, en peu d'exemplaires, sous le titre *Utinen. Beatificationis et Canonizationis Servi Dei Iacobi a Balduina. Positio super virtutibus*, 500 pages. Nous la citerons désormais sous le titre *Positio*.

jusqu'à sa mort, dira : « En apparence, il n'y avait en lui rien d'extraordinaire ou d'exceptionnel qui le distinguait des autres. […] Ce qui le distinguait n'est pas tant *ce* qu'il faisait que *la façon* dont il le faisait[4]. »

Son « franciscanisme », comme le soulignait Mgr Bortignon[5], s'est manifesté par son acceptation de la Croix que lui procuraient quotidiennement ses souffrances physiques, son humilité, et l'absolue disponibilité et sérénité avec lesquelles il exerça son ministère de confesseur. La confession et l'absolution étaient pour lui la voie la plus sûre par laquelle se répand la miséricorde de Dieu.

4. *Positio*, p. 127.
5. *Ibid.*, p. 108.

Chapitre 1

L'enfance à Balduina

Dans beaucoup d'ordres religieux et de congrégations, l'entrée dans la vie religieuse est marquée par un changement de nom. Selon la tradition propre à l'ordre des Frères mineurs capucins (o.f.m. cap.), pour garder le souvenir de la terre qui l'a vu naître, le nouveau religieux conserve, attaché à son nom de religion, le nom du lieu de sa naissance. C'est ainsi que Beniamino Filon deviendra le 28 septembre 1922 Frère Giacomo de Balduina.

Balduina est une bourgade qui dépend de la commune de Sant'Urbano, dans la plaine du Pô, au sud de Padoue, sur la rive gauche de l'Adige. Elle comptait à l'époque un millier d'habitants, répartis sur un très vaste espace[1]. C'était un territoire tout entier consacré à l'agriculture. La terre, enrichie par les alluvions de l'Adige et ses débordements annuels, était facilement irrigable et produisait principalement du blé et du maïs. La bourgade de Balduina était composée de paysans qui travaillaient quasiment tous, depuis les années 1810, pour la famille Treves dei Bonfili, unique propriétaire des terres environnantes.

---

1. Direzione generale della Statistica, *Censimento della popolazione del Regno d'Italia al 10 febbraio 1901*, 1902, vol. 1, p. 243 : Balduina, 1 025 habitants; Sant'Urbano, 1 204 habitants; Carmignaco, autre *frazione* de Sant'Urbano, 1 195 habitants.

Les Treves dei Bonfili étaient l'une des deux grandes familles juives de la Vénétie. Isaac Treves, originaire de Constantinople, s'était établi à Venise en 1724 où il avait fondé une maison de commerce, ajoutant bientôt à son métier d'armateur celui de banquier et d'assureur[2]. C'est un de ses descendants, Giacomo Treves, qui ajoutera à son patronyme celui de sa mère, dernière héritière de la famille Bonfili. La Vénétie fut occupée par les Français de 1805 à 1815. Pendant cette période les Treves de Bonfili et d'autres riches armateurs juifs de Venise (les Levante, les Levi, les Enera) purent acquérir de très nombreuses terres en Vénétie. C'est ainsi que Giacomo Treves dei Bonfili acheta plusieurs milliers d'hectares aux alentours de Balduina et fut anobli par Napoléon Ier en 1811.

Certaines terres de Balduina étaient déjà cultivées, d'autres furent mises en valeur par des « colons ». Pour gérer la *tenuta balduina* (le domaine Balduina), qui comptait plusieurs centaines d'hectares, et les paysans qui l'exploitaient, Giacomo Treves dei Bonfili nomma en 1834 un *fattore* (régisseur) qui fut installé dans une vaste maison. Le premier régisseur fut Luigi Filon (1814-1885), son fils Giacomo Filon (1849-1924) lui succéda dans cette fonction : ce sont le grand-père et le père de Padre Giacomo.

Riche, influent, le baron Giacomo Treves dei Bonfili avait acheté un *palazzo* à Padoue, pour suivre ses affaires en terre padouane. Son fils aîné, Giuseppe, deviendra député puis sénateur, entretenant de bonnes relations avec les autorités religieuses[3]. Ugo Treves dei Bonfili (1866-1949),

2. Sur la famille Treves dei Bonfili, voir les nombreux travaux de Martina Massaro cités en bibliographie.

3. Giuseppe Treves dei Bonfili (1818-1893) a offert au cardinal Sarto, patriarche de Venise, le voyage en train de première classe pour Rome, où il devait participer au conclave, dont il sortit pape sous le nom de Pie X.

qui héritera de l'*azienda* de Balduina, maintiendra sa confiance à la famille Filon pour la gérer. Le régisseur administrait le domaine, veillait aux productions agricoles et était en relations régulières avec les paysans qui exploitaient les terres. Il veillait sur les machines agricoles et conservait aussi les récoltes en attendant qu'elles soient vendues.

À Balduina, la *casa padronale* du régisseur était une très grande bâtisse située au centre de l'immense exploitation. Elle comportait une grande maison d'habitation d'une vingtaine de pièces. Au rez-de-chaussée : le bureau du régisseur, une salle à manger, une grande cuisine, une pièce consacrée exclusivement à la fabrication du pain et des pâtes, une *lavanderia* (pour laver et faire sécher le linge) et une salle à manger d'été ouverte sur la cour. À l'étage : dix chambres, auxquelles on accédait par un large escalier extérieur. La *casa padronale* comportait aussi, sur le devant de la maison, un vaste chartil pour abriter le matériel agricole et la carriole, avec, au-dessus, deux immenses greniers pour entreposer le grain et, en sous-sol, de grandes caves qui comportaient de nombreux tonneaux – le régisseur fournissait le vin aux paysans qui travaillaient dans l'exploitation. Pour son usage personnel, le régisseur disposait aussi d'un vaste jardin, de plusieurs enclos pour différentes variétés de volailles (poules, canards, oies, pintades), d'un pigeonnier, d'une écurie avec quatre chevaux et d'un vaste verger avec plusieurs variétés d'arbres fruitiers.

Sans être un notable ni même propriétaire, Giacomo Filon était donc, par ses fonctions et son habitation, un homme à responsabilités. Sa grande maison était le centre du domaine. Il avait plusieurs domestiques à son service. Il recevait tous les jours la visite de tel ou tel fermier du *latifundium* ou se rendait sur les terres exploitées. Il rendait compte de tout régulièrement au baron Treves dei Bonfili. Physiquement, il avait une stature qui en imposait. C'était un homme respecté de tous, mais aussi un homme bon. Lors de ses funérailles, en 1924, le curé de Balduina dira qu'il était « un vrai honnête homme et un vrai chrétien[4] ».

Deux mariages

Giacomo Filon s'était marié deux fois. De chacune de ces unions sont issus de nombreux enfants : seize au total. Curieusement, les deux petites biographies consacrées à Beniamino Filon (le futur Padre Giacomo) en 1968 et 1969 n'évoquent pas le premier mariage qu'avait contracté son père et les nombreux enfants issus de cette première union, sans doute par manque d'informations.

La famille Filon fut, en fait, ce qu'on appelle aujourd'hui une famille recomposée. L'état civil de la commune de Sant'Urbano, dont dépendait Balduina, permet de reconstituer la composition exacte de cette grande famille[5].

En 1869, à l'âge de 20 ans, Giacomo Filon avait épousé Elisa Guidi, âgée de 24 ans et originaire de Lendinara, un village proche de Balduina. De cette première union sont nés six enfants, deux garçons et quatre filles. Deux sont décédés en bas âge : Anna Giovanna est morte à l'âge de 2 ans, en 1884, et Severino est mort à l'âge de 7 mois, en février 1885. Ces décès d'enfants en bas âge, fréquents à cette époque dans tous les milieux, étaient vécus dans les familles croyantes en essayant de considérer ce drame d'un point de vue surnaturel. L'exhortation de saint François de Sales sur la mort des tout petits enfants illustre bien

4. *Positio*, p. 299.

5. *Certificato dell Ufficio Anagrafe* (certificat du bureau d'état civil), en date du 18 mai 1999, reproduit dans *Positio*, p. 305.

l'esprit dans lequel ceux qui avaient de solides convictions religieuses pouvaient vivre cette épreuve douloureuse :

> Voilà donc votre petit enfant au ciel, avec les anges et les Saints Innocents ! Le voilà échappé au danger de se perdre où demeurent exposés tant d'autres ; le voilà en assurance : il possède le salut éternel ; Dieu l'a retiré de tous les périls. [...] Non, ce n'est pas pour vous châtier, c'est pour favoriser votre petit enfant que Dieu l'a sauvé de bonne heure. [...] Demeurez donc en paix, et tenez bien votre cœur au ciel, où vous avez ce brave petit saint. [...] Laissons nos enfants à la merci de Dieu, qui a laissé le sien à notre merci ! Offrons-lui la vie des nôtres, puisqu'il a donné la vie du sien pour nous. Dieu nous donne, Dieu nous ôte ; que son saint Nom soit béni !

On peut penser, sans en avoir le témoignage, que Giacomo et Elisena Filon ont accepté la mort en bas âge de deux de leurs enfants dans cet état d'esprit. Le 12 février 1886, un sixième et dernier enfant, Lavinia, naissait dans leur foyer.

Un peu plus de cinq mois plus tard, le 16 juillet, Elisena Filon mourait, à l'âge de 40 ans. On devine quel fut le déchirement de son époux qui se retrouvait veuf avec quatre enfants à charge, dont le plus âgé, Angelo, allait avoir 16 ans et la plus jeune, Lavinia, n'avait pas encore 6 mois.

Giacomo Filon ne tarda pas à se remarier. Huit mois après le décès de sa première épouse, il épousa Giuseppina Marin, originaire de Prà d'Este, à une quinzaine de kilomètres de Balduina. Elle avait dix ans de moins que Giacomo. C'était une jeune veuve qui avait perdu son mari après un an de mariage et sans avoir eu d'enfant.

Il lui fallut une belle confiance en l'avenir pour épouser un veuf en charge de quatre enfants. Le mariage eut lieu le 24 mars 1887 dans l'église paroissiale de Prà d'Este. De cette seconde union naîtront dix enfants, entre décembre 1887 et août 1902, qui s'ajoutèrent aux quatre issus du premier lit.

Cette grande famille recomposée connut ses joies et ses tristesses. Après son deuxième mariage, Giacomo eut la douleur de perdre deux autres enfants nés de sa première union : Angelo à l'âge de 18 ans, Griselda Anna à l'âge de 15 ans. Puis trois autres enfants nés de son second mariage disparaîtront prématurément : Beniamino mort après trois semaines de vie, Olimpia morte à l'âge de 2 ans et Amerigo Arnaldo, mort à l'âge de 11 ans.

En souvenir du premier Beniamino, mort en janvier 1888, Giacomo et Giuseppina donnèrent le même prénom à leur huitième enfant, né le 2 août 1900 : Beniamino Filon – le futur Padre Giacomo – fut baptisé le 5 août suivant par Don Cristiano Sartori, dans l'église paroissiale Saint-Jean-Baptiste de Balduina, recevant Angelo comme deuxième prénom. Mamma Giuseppina était une femme robuste, au « visage doux et austère » à la fois. Beniamino héritera de ses traits, il aura le même regard que sa mère. Deux autres enfants naîtront après Beniamino, des jumelles : Arpalice et Luigia, nées en août 1902.

Le procès de béatification décrira la famille Filon comme « une famille patriarcale, où le sens du respect est fort. Quand l'heure du repas arrive et que la soupière est sur la table, tous, y compris la mère, attendent le père et quand il arrive tous se lèvent, en signe de respect. On fait un signe de croix, on récite la prière. Le père sert la soupe dans les assiettes et personne ne se plaint. C'est le moment où toute la famille se trouve réunie, même les domestiques[6] ». Au fur et à mesure que la famille s'agrandira, la tablée comptera jusqu'à 15 à 20 personnes.

Un village chrétien

Au début du XXe siècle, Balduina était encore un village profondément chrétien, comme dans toutes les campagnes de la Vénétie. La pratique religieuse structurait encore tous les comportements sociaux et individuels. Une foi solide, et non superficielle, qui s'exprimait à travers des traditions et des habitudes.

L'église paroissiale était le cœur de cette bourgade à l'habitat très dispersé. À cette époque, toute la vie des habitants de Balduina se limitait au périmètre proche du village. « Les événements les plus importants étaient ceux organisés et vécus dans la paroisse et dans les villages environnants. Les événements les plus attendus étaient les fêtes religieuses et patronales normalement précédées d'une solennelle prédication : triduum, neuvaines, panégyriques. La religiosité marquait la vie en totalité. Le prêtre, en particulier le curé, entrait dans les familles et était vu comme une bénédiction de Dieu. On nourrissait donc envers lui un grand respect et de l'estime non seulement pour ce qu'il représentait, mais aussi pour sa culture. La culture était réservée à quelques privilégiés. Normalement l'instruction se limitait aux classes élémentaires et la première occupation était le travail des champs. Peu, les plus privilégiés, pouvaient continuer leurs études et voyager[7]. »

L'église de Balduina était dédiée à saint Jean-Baptiste. Son origine remonte à 1489 lorsque le comte De

6. *Positio*, p. 300-301.

7. *Ibid.*, p. 298-301.

Cumani, de Padoue, propriétaire d'une grande partie des terres de Balduina, avait fait construire une église, avec campanile, pour ses « colons[8] ». L'église dépendait alors de la paroisse de Piacenza d'Adige. Par la suite elle eut un prêtre à demeure et devint autonome. La croissance du nombre des habitants obligea à des agrandissements en 1714. Un siècle plus tard, en 1824, l'église était élevée au rang de paroisse. Elle abrite un beau tableau qui représente saint Jean-Baptiste dans le désert. Longtemps attribué à Rubens, ce *San Giovanni* est en fait l'œuvre du peintre flamand Damien van den Dyck qui a été actif, à partir de 1634, à Venise, à Padoue, à Mantoue et à Bergame.

La *Cassa rurale di prestiti* (caisse rurale de prêts) était placée également sous le patronage de saint Jean-Baptiste, parce que son siège était dans un local dépendant de la paroisse et qu'elle comptait le curé dans son conseil d'administration. La *Cassa rurale* faisait office de banque coopérative de crédit. Le système des banques coopératives locales avait été fondé dans les années 1860 par l'économiste allemand Friedrich Raiffeisen sur quelques grands principes : la caisse de prêts est une société coopérative dont les sociétaires sont responsables de façon illimitée, l'action de la caisse est limitée à une zone géographique très réduite, ceux qui sollicitent un crédit deviennent obligatoirement sociétaires de la caisse de prêts, les fonctions d'administrateurs sont bénévoles et l'excédent financier n'est pas distribué. Leone Wollemborg, membre d'une des grandes familles juives de Venise, adapta le système Raiffeisen en fondant une première caisse à Loreggia en 1883[9]. Dans

8. Diocèse de Padoue, *Atlante delle parrochie* [en ligne].

9. Leone Wollemborg, *Les caisses rurales italiennes. Rapport pour l'Exposition universelle de Paris en 1889*, Istituto cartografico italiano, Rome, 1889 et Carlo Contini, *Delle Casse rurali di prestiti in Italia (Sistema Raiffeisen-Wollemborg)*, Tipografia Editrice Carlo Cazzamalli, Crema, 1894.

les années suivantes, il sera à l'origine d'autres caisses dans toute la Vénétie puis dans d'autres régions d'Italie. Les fonds étaient apportés par les premiers associés qui constituaient le conseil d'administration. Les prêts étaient généralement très modestes et de courte durée (au maximum vingt mois, c'est-à-dire le temps de faire deux récoltes). À Balduina, comme dans toute la Vénétie, la *Cassa rurale di prestiti San Giovanni Battista* fut créée en lien étroit avec la paroisse et eut dès lors un rôle très important dans la vie de toutes les familles. Elle compta parmi ses membres fondateurs le curé et les représentants des familles les plus aisées, parmi lesquels Giacomo Filon. À l'origine, ces caisses rurales de prêt étaient une œuvre sociale, un organisme de solidarité, ce n'est que par la suite qu'elles deviendront des institutions bancaires.

Une famille chrétienne

La famille Filon était profondément chrétienne. La naissance des enfants était vécue comme une bénédiction de Dieu. L'éducation donnée en famille était empreinte d'un grand esprit chrétien et de principes moraux intangibles. « Mes parents étaient très religieux, témoignera l'une des sœurs de Padre Giacomo, et ils ont donné à leurs fils et à leurs filles une éducation très chrétienne[10]. » Chaque enfant faisait le matin et le soir les prières que leur mère leur avait apprises. L'église de Balduina se trouvait non loin de la maison Filon. Elle était familière aux enfants. Ils suivaient les leçons de catéchisme dispensées par le curé plusieurs après-midi par semaine, après l'école. Les garçons servaient la messe.

10. *Positio*, p. 58.

La foi en Dieu fut le pilier de toute la vie du futur Padre Giacomo. Le père Zaccaria de San Mauro, qui l'a connu dès leurs années communes de formation, dira que dès son enfance, « la base et le secret de la vitalité spirituelle du père Giacomo était la foi dont il était animé intérieurement. [...] Il vivait, si on peut dire, de la foi, une foi simple, spontanée et sans a priori comme celle de l'enfant envers sa mère, mais tout ensemble robuste et profondément ressentie[11] ».

Le curé de Balduina et son vicaire étaient familiers de la maison. Une des sœurs de Padre Giacomo témoignera : « Dans notre maison venaient toujours des prêtres et des frères qui étaient accueillis comme des membres de la famille[12]. » La famille Filon recevait notamment des religieux capucins. Un couvent capucin était établi à Lendinara, une petite ville proche de Balduina. Selon la tradition de l'ordre, un ou deux frères du couvent parcouraient les campagnes environnantes pour y « quêter », recueillir des aumônes en espèces et surtout en nature. Les frères quêteurs se déplaçaient avec une petite charrette tirée par un cheval. Ils y entassaient les dons en nature qu'ils recevaient : blé, maïs, fruits, légumes, œufs. Ces dons servaient à nourrir les religieux du couvent et ils permettaient de préparer les repas qui étaient servis aux pauvres dans les moments difficiles.

Le ou les frères quêteurs passaient une fois ou deux par an dans les villages et hameaux des environs du couvent. Ils ne venaient pas simplement recevoir les charités des familles, ils prenaient des nouvelles des uns et des autres, donnaient des conseils, pouvaient avoir un entretien

11. Déposition du P. Zaccaria de San Mauro au procès de béatification, publiée dans *Positio*, p. 127.

12. *Positio*, p. 58.

particulier avec tel ou tel membre de la famille. Ils bénissaient aussi les lieux et les personnes.

Giacomo Filon, et avant lui son père Luigi, recevaient volontiers les frères quêteurs capucins. La visite se prolongeait souvent par un repas et si c'était le soir on proposait aux religieux de dormir sur place. Le 9 juin 1877, en reconnaissance de sa générosité envers les frères quêteurs de Lendinara, Luigi Fillon avait reçu du supérieur provincial des capucins un grand diplôme attestant son affiliation spirituelle à l'ordre capucin.

C'est en famille donc, dès son plus jeune âge, que Beniamino a fait connaissance avec ces religieux reconnaissables entre tous à leur longue barbe et à leur robe de bure marron tenue à la ceinture par une corde blanche. Cet habit et la simplicité, la pauvreté et l'humilité de ces capucins qui visitaient la famille ne pouvaient qu'impressionner ou intriguer Beniamino et ses frères et sœurs. Les germes de sa vocation religieuse se trouvent dans ces visites des capucins de Lendinara. Une de ses sœurs, Apatice, témoignera au procès de béatification que le jeune Beniamino disait souvent vouloir « devenir frère pour aller quêter pour les pauvres[13] ».

De 1906 à 1909, Beniamino fréquenta l'école communale. Il y suivit les trois premières classes élémentaires. Malgré son application, il avait beaucoup de mal à apprendre. Sa première maîtresse d'école, Emma Mantovani, louera néanmoins « sa ponctualité, sa discipline et son zèle dans l'étude[14] ». Par la suite, Beniamino apprendra à lire à plusieurs de ses sœurs.

Au témoignage du curé de la paroisse, « il fut toujours un bon garçon, humble, obéissant, pieux et séparé du

13. *Ibid.*, p. 59.

14. Témoignage de Don Carlo Trentin, cité dans la *Positio*, p. 309.

monde ; il a passé son enfance et sa jeunesse entre la maison familiale, l'église et le presbytère. Il fut toujours à Dieu[15] ».

Un de ses frères, Francesco, dépeindra ainsi son caractère : « Il avait un tempérament très calme ; il ne réagissait jamais quand on l'importunait ; il parlait peu. Pour ses frères et ses sœurs il était le *tatòn* : le petit frère dont ils pouvaient faire ce qu'ils voulaient, sûrs qu'il ne se plaignait jamais et supportait tout. Il était toujours prêt à aider bien volontiers la *mamma* et ses frères en toutes circonstances[16]. »

Il aimait beaucoup jouer avec ses sœurs dans la maison, dans la grande cour ou dans le vaste jardin fermé de murs, mais il ne s'aventurait jamais très loin dans la campagne environnante, composée principalement de parcelles de terre rectilignes et de petits canaux d'irrigation. Son passe-temps favori était de s'occuper d'un couple de tourterelles qu'il avait tirées du pigeonnier et qu'il avait placées dans une grande cage.

Dans le grand jardin familial, les enfants pouvaient disposer chacun d'un petit carré où ils pouvaient planter et cultiver des plantes et des fleurs. Beniamino y plantait des fleurs qu'il destinait à l'autel de l'église. Il avait planté aussi un arbuste, un jujubier de Palestine. Cet arbuste est appelé communément le *Spina Christi*, parce que ses petites branches souples et épineuses ont servi, dit la tradition, à tresser la couronne d'épines du Christ. Le noyau de ses fruits, comestibles, servait à faire les grains des chapelets. Une année, avec son père, le jeune Beniamino ira porter des graines de son jujubier aux capucins de Lendinara.

15. Lettre de Don Trentin au P. Giancrisostomo de Cidatella, le 4 octobre 1949, *Positio*, p. 203.

16. *Positio*, p. 141.

Bien avant d'avoir reçu les sacrements de l'enfance (communion et confirmation), il fréquentait assidûment l'église paroissiale et, dès qu'il le pouvait, il servait en semaine la messe matinale du curé.

Un épisode de ces années doit être relevé, même si on en ignore la date. Durant son enfance il eut « un début d'encéphalite[17] ». L'encéphalite est une inflammation du cerveau lorsqu'il est infecté par un virus[18]. La moelle épinière peut également être touchée. Au stade primaire, les personnes touchées par une encéphalite ont de la fièvre, des maux de tête, parfois des convulsions et elles peuvent se sentir somnolentes ou engourdies. Comment Beniamino Filon fut-il guéri de ce début d'encéphalite ? On n'en sait rien. En tout cas, il en garda des séquelles. Quelques photographies de jeunesse, à différentes époques, montrent Beniamino avec un visage engourdi et le regard fixe. Mais ce n'est que bien des années plus tard que la maladie resurgira, réactivée peut-être par la grippe espagnole.

À l'âge de 9 ans, le 18 avril 1910, il reçut le sacrement de confirmation. La cérémonie, présidée par Mgr Pellizzo, évêque de Padoue, eut lieu dans l'église de Piacenza d'Adige. Elle rassemblant les enfants de trois paroisses voisines : Piacenza d'Adige, Balduina et Sant'Urbino.

Beniamino était un enfant qui aimait prier et qui aimait les offices religieux. Au témoignage de son frère Francesco, il était tellement recueilli lorsqu'il priait dans l'église ou servait la messe, qu'« il n'aurait pas bougé même si on lui avait tiré dessus avec un fusil[19] ». Il fréquentait souvent le presbytère et il aimait aider le curé ou son vicaire dans les soins de l'église.

---

17. C'est l'expression qu'il emploiera lors d'une visite médicale faite à Venise en 1928.

18. John E. Green, "Encéphalite", dans *Manuel MSD* [en ligne].

19. *Positio*, p. 147.

Il priait aussi à la maison, dans sa chambre ou dans une autre pièce où il aimait se retirer.

À Lendinara

Deux mois après sa confirmation, le jeune Beniamino achevait le premier cycle d'études primaires. Pour suivre les deux classes élémentaires suivantes, les enfants devaient aller dans une autre école, dans la petite cité voisine de Lendinara, à quelques kilomètres de là, sur l'autre rive de l'Adige, dans la province de Rovigo. Il n'y avait pas de pont dans les alentours. Il fallait traverser le fleuve sur un bac, avant d'emprunter des petites routes et des chemins. Aussi beaucoup d'enfants de Balduina arrêtaient-ils leur scolarité après les trois années passées dans l'école communale, où ils avaient appris à lire, à écrire et à compter. Très peu poursuivaient leur scolarité à Lendinara.

Giacomo Filon voulut que ses garçons poursuivent des études. Aussi, à partir de la rentrée scolaire de 1910 – il avait 10 ans – Beniamino se rendit-il tous les jours à l'école de Lendinara. Pour traverser l'Adige il prenait le bac, qui se trouvait non loin de son domicile, puis il parcourait à bicyclette les cinq kilomètres qui le séparaient de sa nouvelle école.

Parfois, sur le chemin de retour, il était pris à partie par des garnements. Une querelle ancienne opposait les enfants des deux côtés de l'Adige, un antagonisme dont personne ne connaissait l'origine sinon que les uns appartenaient à la province de Padoue et les autres à celle de Rovigo. Les Padouans surnommaient les Rodigiens : *rovigotti* (« ronchons »), tandis que ceux-ci considéraient les Padouans comme des prétentieux. Les disputes et les moqueries étaient fréquentes entre les uns et les autres.

Le jeune Filon qui passait tous les jours sur son vélo, dans son uniforme scolaire, suscita à plusieurs reprises la jalousie et les moqueries de quelques enfants. Bien qu'à l'école il se montrât toujours très réservé, certains de ses camarades savaient plus ou moins que son père occupait d'importantes fonctions auprès d'un grand propriétaire et ils le surnommaient « le petit comte de Padoue ». Une fois au moins il fut blessé au front par un caillou qu'on lui avait lancé. Rentré chez lui le visage ensanglanté, il avait cherché à rassurer sa mère : « Ce sont d'innocentes plaisanteries de garnements. Tu sais que ces taquineries sont fréquentes entre Padouans et Rodigiens. »

Ces années de scolarité à Lendinara furent importantes aussi pour la vie spirituelle du jeune Beniamino. On l'a dit, la petite ville abritait, depuis 1604, un couvent capucin. Depuis le XIXe siècle, les religieux étaient installés près de l'église de Sant'Agata. Le couvent et l'église des capucins étaient « un point de référence non seulement pour les gens de la petite ville, mais aussi pour la population des pays voisins. Les frères avec leur spiritualité austère, avec leur prédication itinérante, avec la quête et l'accueil des pauvres, spécialement dans les moments difficiles, avec leur disponibilité pour les confessions, étaient connus, aimés, recherchés[20] ». Beniamino connaissait déjà les capucins de Lendinara par les frères quêteurs qui passaient régulièrement à la maison familiale et par ceux qui venaient prêcher dans l'église paroissiale de Balduina lors de certaines fêtes.

Le couvent de Lendinara lui devint familier. Il s'y rendait parfois avant d'aller à l'école, et souvent après les cours. Un de ses premiers biographes dira : « Tout l'intéressait dans le couvent : il observait la vie des frères, il les

20. *Ibid.*, p. 315.

écoutait psalmodier dans le petit chœur de l'église, il aimait parler avec eux. Il leur manifestait une candide familiarité. »

C'est au cours de sa première année scolaire à Lendinara qu'il fit sa première communion. Depuis longtemps, l'âge moyen de la première communion avait été fixé, dans tous les pays, à l'âge de 11 ou 12 ans. En août 1910, le pape Pie X avait décidé d'assouplir cette règle très sévère. Il avait fixé que dès l'âge de 7 ans, « soit au-dessus, soit même au-dessous », un enfant pourrait communier. La communion, disait le décret, ne doit pas être considérée « comme une récompense », mais « comme un remède à la fragilité humaine ». Les conditions fixées étaient *minima* : « pour la première confession et la première communion, point n'est nécessaire une pleine et parfaite connaissance de la doctrine chrétienne » ; que l'enfant « comprenne, suivant sa capacité, les mystères de la foi et qu'il sache distinguer le pain eucharistique du pain ordinaire et corporel[21] ».

Beniamino put bénéficier du décret libérateur dans les mois suivants. Il avait 10 ans et demi. Il fit sa première communion le 2 avril 1911, probablement avec ses deux sœurs les plus jeunes, les jumelles Arpalice et Luigia qui, elles, allaient avoir 8 ans. La cérémonie eut lieu le dimanche de la Passion. Les enfants de la paroisse furent très sérieusement préparés, par le curé, à recevoir pour la première fois la communion et le sacrement de confession. Dans les semaines qui précédèrent la cérémonie, les enfants assistaient tous les jours à un cours de catéchisme. La cérémonie se déroula avec une grande solennité. Les premiers communiants, dans leurs plus beaux habits, se présentèrent à la table de communion un bouquet de fleurs à la main. Pour prolonger l'élan de ferveur de ce

21. Décret *Quam singulari*, 8 août 1910.

jour, il était suggéré aux nouveaux communiants d'assister tous les jours suivants à la messe matinale du curé et de communier. Il s'agissait de les inciter à vivre en présence du Seigneur.

Avant même d'avoir reçu la première communion, et encore davantage après, Beniamino était attiré par les offices et par la liturgie, par tout ce qui se passait à l'autel. Il aimait jouer au *preterino*, au « petit prêtre », avec ses frères et ses sœurs qui assistaient aux cérémonies. Selon le témoignage de son frère Francesco, une sorte de petit autel était installé dans une grande pièce de la maison au premier étage. Des vêtements trouvés dans la maison, notamment des tabliers de la maman, servaient d'ornements liturgiques. Beniamino célébrait la « messe » avec un calice et une patène aussi ressemblants que possible à ceux en usage dans l'église paroissiale. Il montait sur une chaise pour faire un « sermon ». Il entendait en « confession » ses frères ou ses sœurs et il leur donnait l'« absolution ». Un jour il bénit le « mariage » de son frère avec une petite voisine. Il organisait aussi des funérailles pour les petits animaux morts : ses frères en procession suivaient la croix en chantant jusqu'à la mise en terre. Tout était accompli avec sérieux, tout en sachant bien que c'était « pour de faux[22] ».

Un jour Francesco dira à son frère : « Si tu veux vraiment te faire prêtre, tu dois aussi avoir la *chierica* (tonsure). » Beniamino se laissa facilement persuader et on lui coupa une large mèche de cheveux sur le dessus du crâne. Lorsqu'il revint à l'école le lendemain, ses camarades se moquèrent de lui, ayant tout de suite repéré ce qui ressemblait à une tonsure cléricale. Le maître dut intervenir pour faire cesser le tumulte. Quand il

22. *Positio*, p. 147.

eut compris les raisons des moqueries qui accablaient le jeune Beniamino, il donna aux élèves une belle leçon de tolérance. Lui-même était athée, mais tolérant envers toutes les croyances : en matière de religion, expliqua-t-il, « chacun est libre de penser et de faire ce qui lui plaît ».

Beniamino passa quatre années à l'école de Lendinara. De 1910 à 1912, il suivit les deux dernières années du cycle élémentaire, puis à la rentrée 1912 il passa dans les bâtiments de ce qu'on appelait la *Scuola tecnica* (« l'école technique »). C'était une école qui permettait de poursuivre des études générales, mais qui dispensait déjà une formation qui préparait à entrer dans la vie professionnelle. Élève de l'école technique de Lendinara de 1912 à 1914, Beniamino Filon y suivit pendant deux ans des cours d'italien, de français, de mathématiques, de sciences naturelles, d'histoire et de géographie, d'éducation physique, et aussi des cours d'*agraria* (agronomie), de comptabilité et de dessin[23].

Querelle dans la paroisse

Après les quatre années passées à l'école de Lendinara, s'ouvrit une période d'incertitude pour le jeune Beniamino. Il allait avoir 14 ans et avait toujours le désir de devenir religieux, mais une querelle qui divisa la paroisse pendant plusieurs années allait retarder son entrée dans un établissement capucin.

La vieille église de Balduina, qui datait de 1714, était devenue trop petite pour une paroisse qui comptait plus d'un millier d'habitants. Par ailleurs, elle était située

23. *Sculo tecnica Giovanni Battista Conti*, dans *Annuario del Ministero della Publica Istruzione*, Rome, 1922, p. 448.

au bord de l'Adige. Des travaux sur les rives du fleuve et des aménagements hydrauliques rendaient nécessaire la démolition de la vieille église et la construction d'un nouvel édifice dans une autre zone. Si l'évêque du diocèse, les autorités civiles et quasiment tous les habitants de la commune s'accordaient sur la nécessité d'une destruction et d'une reconstruction, ils se divisaient sur l'emplacement du nouvel édifice. Certains paroissiens étaient partisans d'une reconstruction le plus près possible de l'ancien édifice, d'autres demandaient une construction plus à l'intérieur des terres, pour rapprocher l'église des habitations les plus éloignées de la commune.

La querelle dura plusieurs années. En 1914, l'administration obtint que la vieille église soit détruite. Une grande dépendance de la ferme Filon, qui jusque-là servait de hangar, fut aménagée en lieu de culte. L'autel, le baptistère et les statues y furent transportés et le culte y fut célébré jusqu'à ce que la nouvelle église soit construite. Beniamino devint immédiatement familier de cette église provisoire située tout près de son domicile.

Mais les villageois restaient divisés sur l'emplacement de leur future église[24]. Deux camps se querellaient, parfois jusqu'à en venir aux mains. Les oppositions furent telles que certains fidèles préférèrent aller à la messe et catéchiser leurs enfants dans d'autres paroisses. Ce fut le cas de la famille Filon qui, chaque dimanche, se rendait dans le village voisin de Piacenza d'Adige pour assister à la messe.

À Balduina, les nominations de curés se succédaient. Plusieurs s'épuisèrent à résoudre le différend qui divisait la paroisse et préférèrent démissionner. La famille Filon fréquentant le dimanche une autre église, elle ne pouvait

24. Cette querelle a été évoquée par un fils de la famille Filon, Francesco, dans sa déposition lors du procès de béatification, *Positio*, p. 148.

demander aux curés successifs de Balduina leur appui ni la lettre de recommandation nécessaire à l'entrée en religion de leur fils. Cette querelle de clocher retarda de plusieurs années l'entrée de Beniamino chez les capucins.

Enfin, en janvier 1916, la nomination d'un nouveau et jeune *parocco* (curé) permit de rétablir la paix dans la paroisse. Don Carlo Trentin – il avait 33 ans – avait été remarqué par l'évêque du diocèse, Mgr Pellizzo, pour son énergie, son zèle pastoral et sa conduite sans reproche. À Balduina, il sut réconcilier ses paroissiens en décidant de façon définitive que la nouvelle église serait construite à mi-distance entre les deux zones les plus habitées du territoire paroissial. Il resta curé de Balduina pendant près de cinquante ans, de 1916 à 1963. Il fut un *parocco* aimé et respecté.

Son arrivée à Balduina eut des conséquences très importantes pour la famille Filon. Tous fréquentèrent à nouveau l'église provisoire installée dans le hangar. Giuseppina Filon s'activa beaucoup pour recueillir des offrandes régulières et des dons pour la construction de la nouvelle église. Beniamino, qui avait 16 ans et avait gardé le désir de se faire capucin, se mit au service du nouveau curé. Il redevint enfant de chœur, servit à l'autel le dimanche et les jours de fête. Don Trentin lui confia aussi la charge de catéchiste, le nommant responsable d'une des quatre classes du catéchisme des enfants. Peut-être pressentait-il déjà dans ce jeune homme un attrait pour le service de l'Église ?

Chapitre 2

Novice capucin

Au bout de quelque temps Beniamino Filon s'ouvrit à Don Trentin de sa vocation religieuse et de son désir d'entrer chez les capucins. Le curé de Balduina, qui avait appris à connaître ce garçon discret, de bonne conduite, serviable et pieux, ne fut sans doute pas surpris de cette confidence. Il jugea sa vocation suffisamment sérieuse pour en parler aux supérieurs locaux des capucins. Mais Don Trentin savait bien que le jeune homme, qui avait quitté les bancs de l'école depuis plusieurs années, n'avait pas, malgré sa grande piété et son sérieux, le niveau suffisant pour entrer tout de suite au noviciat. Il fallait d'abord qu'il complète ses études dans un petit séminaire capucin.

L'ordre capucin

L'ordre des Frères mineurs capucins est né en 1525 dans la région des Marches, au centre de l'Italie, comme une branche de la grande famille franciscaine. Les capucins ne prétendaient pas innover, mais au contraire faire retour à la *Règle* de saint François qui resterait la norme première de l'ordre nouveau. Le premier chapitre général réuni à Albacina, en 1529, fixa comme points fondamentaux de la vie capucine : la pauvreté, l'austérité, la prière, la solitude et le silence[1]. L'aspect caractéristique des capucins est apparu dès l'origine : une robe de bure brune avec capuche, nouée à la taille avec une corde, pieds nus, été comme hiver, dans des sandales de cuir, barbe non taillée.

Les *Constitutions* adoptées en 1536 définissaient la vie religieuse dans l'ordre capucin comme une *vita mixta*, vouée à la fois à l'apostolat et à la contemplation. Elles fixaient à deux heures par jour le temps à consacrer à l'oraison. L'esprit de pauvreté et la fidélité à l'Église se conjuguaient à une grande proximité avec le peuple – en Italie on appellera communément les capucins *fratti del popolo*, « les frères du peuple » –, l'assistance spirituelle aux malades, les secours distribués aux pauvres. Les Capucins se sont consacrés aussi, dès l'origine, à la prédication, non seulement dans leurs couvents, mais aussi dans les églises où ils étaient appelés, en particulier pendant le Carême et le temps de l'Avent.

Ce n'est que plus tard que la confession s'ajoutera à leur ministère. Les *Constitutions* de 1536 interdisaient aux capucins de confesser « les séculiers [les laïcs] sans autorisation du chapitre ou du Père Vicaire général ». Et ceux qui recevaient une telle autorisation « ne doivent pas confesser de façon ordinaire, mais dans des cas particuliers, quand ils y sont contraints par la charité. Et ceci pour éviter tout péril et distraction d'esprit ». Puis les situations où les Capucins ont été appelés à confesser se sont multipliées : lors des épidémies, dans les armées où ils étaient aumôniers, lors des prédications dans les églises. Au XVIIIe siècle, la pratique s'est généralisée et les couvents

1. Mariano d'Alatri, o.f.m. cap., *I Cappuccini*, Istituto storico dei Cappuccini, Rome, 1994.

capucins se sont de plus en plus ouverts aux fidèles pour la messe et la confession. En 1845, dans le sanctuaire de la Madonna del Olmo, à Thiene, dont les capucins avaient la charge, le père Paolo de Venise, provincial, témoignait que devant l'afflux des pèlerins, pendant l'Avent et à l'approche de la fête de l'Immaculée Conception, les religieux devaient confesser toute la journée et à toute heure[2]. Au XXe siècle, l'ordre des Capucins comprendra d'illustres confesseurs, notamment saint Leopoldo de Castelnuovo, saint Padre Pio, et le père Arcangelo de Rivai ; le vénérable Giacomo de Balduina s'inscrira dans cette lignée.

Les Capucins s'installèrent en Vénétie dès 1527. La province fut érigée en 1535 et comptera jusqu'à 33 couvents. Par sa situation géographique et son dynamisme, la province de Venise sera à l'origine de quatorze autres provinces de l'ordre (Trente, Tyrol, Bavière, Vienne, Slovénie, etc.). Pendant le XIXe siècle, l'ordre capucin en Italie fut supprimé à deux reprises : en 1810 par Napoléon Ier et à partir de 1866 par le nouveau Royaume d'Italie. Dans les deux cas, au bout de quelques années, l'ordre fut rétabli, mais sans retrouver le nombre des couvents et des religieux qu'il avait auparavant.

Après ces décennies de troubles, l'élection en 1884 du suisse Bernard de Andermatt comme Ministre général de l'ordre capucin marqua un tournant. Il occupa cette charge pendant vingt-quatre ans, jusqu'en 1908. Sa vaste action de réforme et de rénovation l'a fait considérer comme le second fondateur de l'ordre capucin. Durant ses deux mandats de Ministre général, le nombre des

---

2. Arturo Basso de Carmignano, « I Cappuccini veneti attraverso le fonti storiche della Provincia », dans *Le Origini dei Cappuccini vendeti. Studi per il 450e di fondazione (1535-1985)*, Curia Provinciale Frarti Cappuccini, Venise-Mestre, 1988, p. 152.

capucins dans le monde est passé de quelque 7 000 à près de 10 000. Il a publié dès 1886 des *Ordonnances capitulaires*, approuvées par le pape Léon XIII. Elles restauraient la discipline conventuelle, fixant des règles sévères concernant les jeûnes, les récréations, les parloirs, les sorties, les visites, les relations avec les laïcs, la correspondance. Les *Ordonnances* voulaient promouvoir aussi une meilleure formation des jeunes religieux et avaient prescrit une réforme des études. Elles engagèrent également un renouveau de la vie liturgique dans les couvents capucins. Dans les années suivantes seront publiés un nouveau *Manuel des prières et des bénédictions*, un *Calendrier liturgique*, un *Missel*, un *Martyrologe* et un *Cérémonial* qui renforceront l'unité de l'ordre dans la prière et dans les célébrations liturgiques.

Le père Bernard de Andermatt consacra « la plus grande partie de son généralat[3] » à la visite canonique des cinquante-huit provinces de l'ordre. Il fit réviser les *Constitutions* de l'ordre – la nouvelle édition sera promulguée en 1909 et ce sont ces *Constitutions* qui étaient en usage à l'époque de Padre Giacomo. Le père Bernard de Andermatt favorisa aussi la création des petits séminaires capucins pour former les jeunes qui envisageaient de se faire religieux.

Au collège séraphique de Rovigo

L'Italie, entrée en guerre en mai 1915 aux côtés de la France et du Royaume-Uni, avait mobilisé le clergé et les religieux. La moitié des 230 capucins de la province

3. Hilarin Felder, *Ministro generale e arcivescovo Bernard Christen da Andermatt e il rinnovamento dell'Ordine dei Cappuccini*, Istituto dei Cappuccini, Rome, 2010, p. 11.

de Venise seront appelés sous les drapeaux[4]. Encore laïc, Beniamino ne fut pas mobilisé tout de suite, à cause de son âge. En accord avec le curé de Balduina, il put rejoindre l'ordre capucin.

Les jeunes garçons qui envisageaient d'entrer au noviciat pour se faire religieux achevaient généralement leurs études dans un *seminario serafico* (séminaire séraphique), l'équivalent des petits séminaires diocésains. La province capucine de Venise avait deux *seminario serafico* : l'un pour les classes inférieures (*ginnasio inferiore*) installé à Rovigo, à une vingtaine de kilomètres de Balduina, l'autre pour les classes supérieures (*ginnasio superiore*) installé à Vérone, plus au nord. C'est celui-là qu'il visita en premier, à l'été 1917. Il y passa quelques jours pour se familiariser avec les lieux et voir quel genre de vie l'attendrait plus tard. Le père Zaccaria de San Mauro di Salina, alors élève du *seminario*, se souviendra de sa « gentillesse, l'aimable simplicité de sa présentation, le charme particulier de sa conversation[5] » qui lui attirèrent aussitôt la sympathie des élèves. Le même témoin dira avoir été frappé que le jeune Beniamino souhaite être informé non pas du programme des études ou de la discipline en vigueur, mais de la vie spirituelle au petit séminaire : « les temps de prière, les pratiques de piété, les offices liturgiques, les fêtes mariales qui étaient célébrées ». Il ajoutera : « Après ce premier contact j'ai gardé l'impression d'avoir rencontré en Beniamino Filon une âme privilégiée, d'une stature spirituelle peu commune, particulièrement appelée par le Seigneur. »

---

4. Gabriele Ingegneri, « Cappuccini veneti et trenteni nella Prima Guerra mondiale », conférence à l'Université pontificale Antonianum, Rome, le 24 octobre 2015, 29 pages dactylographiées (inédit).

5. *Positio*, p. 116.

À cette époque il lui apparut aussi « en pleine forme physique, d'intelligence prompte et vive, pleine de vie, expression d'une jeunesse exubérante. Toujours aimable et respectueux envers tous, il était au centre des conversations, piquant, désinvolte, se déplaçant de l'un à l'autre, avec une aisance de mouvements, pour répondre ou interroger ». Le contraste est grand entre ce jeune homme brillant et vivace et le jeune religieux qui, quelques années plus tard, sera de plus en plus malade, atteint d'une paralysie progressive des muscles, y compris ceux du visage.

Beniamino, lui, fut séduit par ce qu'il avait vu, par l'atmosphère de piété qu'il avait sentie dans cet établissement, qui n'était déjà plus une école ordinaire, mais pas encore un couvent.

Début octobre, il s'activa à rassembler les attestations nécessaires à son entrée chez les Capucins : certificats de vaccination délivrés par la municipalité et certificat médical établi par le médecin de l'administration scolaire, qui attestait que Beniamino Filon jouissait « d'une bonne constitution physique » et était « exempt de toute maladie infectieuse ». Ses parents signèrent une *Déclaration* imprimée par laquelle ils consentaient à ce que leur fils poursuive ses études chez les Capucins et entre par la suite dans leur ordre pour y faire sa profession religieuse. Cette déclaration fut contresignée par deux témoins, le curé de Balduina attestant de l'authenticité de toutes les signatures. Le même jour, Don Trentin rédigeait une chaleureuse lettre de recommandation en faveur de son jeune paroissien : « Il a toujours eu une conduite irréprochable. Humble, modeste, obéissant, assidu à l'église, il aime les cérémonies religieuses. Il m'aide avec un recueillement vraiment édifiant ; il est un maître attentionné pour les enfants du catéchisme ; chaque jour il communie ; il n'a jamais eu d'autre pensée que celle d'accomplir de son mieux ses devoirs de famille et ses obligations religieuses ; on peut bien dire que sa vie a toujours été l'exemple le plus édifiant d'un fils pieux, modeste, vraiment et profondément chrétien[6]. »

Le 13 octobre suivant, Beniamino entrait au *seminario serafico* de Rovigo. Les débuts ne furent pas faciles. À cause de son retard scolaire, il avait 17 ans et se retrouvait au milieu de condisciples qui, pour la plupart, avaient 10 ou 11 ans. Les différences d'âge et de niveau scolaire faisaient de Beniamino un élève particulier. Un de ses condisciples, le futur père Alberto de Dueville, âgé alors de 11 ans, se souviendra : « Il avait des capacités plutôt limitées et un caractère réservé, particulièrement timide, peut-être même un peu mélancolique. » Mais il se distinguait aussi par sa physionomie spirituelle, empreinte de douceur et d'humilité. Le même compagnon d'études témoignera : « Son visage pâle, anémique, était toujours teinté d'une aimable douceur. Sa rare conversation était toujours calme, simple, brève, raisonnable mais limitée. Je dis rare parce que, peut-être à cause de la différence d'âge ou à sa cause de sa timidité naturelle, il restait souvent, dans les récréations, plutôt seul, à part. [...] Il me semblait déjà voir en lui le futur père capucin, aux talents limités, si l'on veut, mais orné de cette simplicité, de cette douceur, de cette humble bonté qui plairait et attirerait[7]. »

6. Certificats de vaccination et certificat médical en date du 8 octobre 1917, *Dichiarazione* des parents et certificat du curé en date du 9 octobre 1917, reproduits dans *Positio,* p. 323-325.

7. *Positio,* p. 213.

Sous l'uniforme

La guerre bouleversa la vie de plusieurs couvents du nord de l'Italie. Les avancées austro-allemandes et les bombardements firent évacuer le noviciat de Bassano del Grappa et les étudiants en théologie de Padoue durent se replier au *seminario serafico* de Rovigo.

Après le désastre de Caporetto (octobre 1917), le commandement des armées italiennes fut changé et la classe 1899 fut appelée sous les drapeaux. Puis l'année suivante fut appelée la classe 1900, c'est-à-dire tous les jeunes Italiens de 18 ans. Beniamino Filon allait atteindre cet âge le 24 mars 1918. Dès le 20 mars, il dut se présenter au centre de mobilisation. Il fut envoyé au 68e régiment d'infanterie, à Milan. Sa mère fut désolée de ce départ à la caserne pour une durée indéterminée. Elle craignait que son fils y perde sa vocation religieuse. Un autre de ses fils, Francesco, chercha à la rassurer : « Tu verras maman, s'il a vraiment la vocation, il reviendra à la maison plus fort et plus décidé[8]. »

Beniamino resta près de deux ans à la caserne de Milan, sans être envoyé au front. Après une période de formation militaire, son niveau scolaire et son comportement sérieux le firent choisir pour être affecté auprès du commandant, chargé de la tenue des registres et de la bibliothèque du régiment. Il disposait d'un bureau et de temps libres plus nombreux que ses camarades.

Olinto Saggiorato, un de ses compagnons de caserne et qui lui était lointainement apparenté, témoignera de sa constante égalité d'humeur : « On pouvait en toute vérité l'appeler "Don Pacifique", voilà tout. Il ne craquait pas, même si on lui marchait sur les pieds. On pouvait lui faire tout ce qu'on voulait : il se taisait et souriait toujours,

8. Témoignage de Francesco Filon, cité dans *Positio*, p. 320.

il ne se plaignait jamais[9]. » On retrouve là le *tatòn*, le petit frère malléable à merci qu'avait décrit son frère Francesco.

Le même Olinto Saggiorato rapportera une anecdote de cette période militaire. Un jour, à peine de retour à la caserne avec la 2e compagnie, il alla retrouver son lointain cousin. « Jeune homme exubérant et plein de vie, dès mon entrée dans le bureau de Padre Giacomo je commençai, pour le plaisir, à tout jeter en l'air, à renverser les chaises, à mettre sens dessus dessous les livres et les registres, à faire le diable à quatre. Padre Giacomo, content de me revoir, me disait le sourire aux lèvres : “Ne t'en fais pas ! Je remettrai tout en ordre plus tard.” Et il souriait. »

« Pendant ses temps libres, racontera aussi Olinto Saggiorato, il n'allait jamais se divertir avec les autres, mais il se rendait au presbytère le plus proche et il y passait tout son temps. » Il aidait le curé. Plus tard, il confiera au père Zaccaria avoir « obtenu de servir la messe dominicale célébrée par l'aumônier de la caserne, bien qu'il ne soit pas aspirant ». Pendant son temps libre, il se rendait aussi dans l'église paroissiale voisine pour assister aux offices et prier ou dans l'église du Sacré-Cœur, Via Piave, qui était desservie par les Capucins[10]. Et pendant les permissions il ne rentrait pas dans sa famille, mais retournait au séminaire séraphique de Rovigo.

Une de ses sœurs, Arpalice, témoignera aussi qu'« il s'attachait à empêcher ses compagnons d'armes de blasphémer et à les convertir un peu dans la foi » et certains reprendront la pratique religieuse.

En décembre 1919, il fut libéré de ses obligations militaires avec le grade de caporal. Il avait passé « un an, huit mois et dix-neuf jours » sous l'uniforme. Il retourna

9. *Positio*, p. 245-246.

10. *Ibid.*, p. 118.

au *seminario serafico* de Rovigo. Un de ses confrères, le futur père Basilio de Montecchio Precalcino, qui l'a connu à cette époque, témoignera que Padre Giacomo attribuait l'origine de sa maladie à sa période militaire : les exercices pratiqués par tous les temps et les nuits passées sous la tente avec des vêtements trempés auraient affaibli son organisme[11]. Plus vraisemblablement, doit plutôt être mise en cause l'épidémie de la grippe dite « espagnole ». Il s'agit d'une pandémie de grippe A qui s'est répandue dans le monde à partir de mars 1918 et qui dura jusqu'en juillet 1921. Elle a causé des millions de morts sur tous les continents. Nombre de couvents capucins furent touchés. Encore à Rovigo, Beniamino fut atteint par l'épidémie comme d'autres élèves. Ils furent mis à l'isolement sur ordre du médecin. Au témoignage de plusieurs confrères, Beniamino resta six jours endormi ou somnolent (*assopito*). Certains y verront les prodromes de l'encéphalite léthargique qui se révélera bientôt[12]. Il se rétablit et ne garda, apparemment, pas de séquelles.

À Vérone

En octobre 1921, il fut envoyé au *seminario serafico* de Vérone, pour y achever ses études secondaires. Il y passa un an. L'écart d'âge avec ses camarades était encore plus grand qu'avant-guerre. Il avait 21 ans quand ses condisciples avaient entre 12 et 15 ans. Il fut nommé préfet de discipline de toutes les classes. Selon le témoignage d'un de ses condisciples, le futur père Venanzio de Chioggia, Beniamino se montrait « très rigide, presque militaire »

11. *Ibid.*, p. 100.
12. *Ibid.*, p. 48 et p. 111.

dans ses fonctions de préfet de discipline[13]. Un autre de ses condisciples, le futur père Fabio de Santa Maria di Sclaunicco, donnera un témoignage différent : « Il se comportait comme un bon frère aîné. Il était simple, affable, presque toujours souriant. » Dans la salle d'étude « chargé de maintenir le silence et la discipline, il y réussissait bien, par son exemple et de discrets et doux rappels[14] ».

Pendant cette année scolaire à Vérone, bien qu'étant toujours séminariste et pas encore engagé dans la vie religieuse, Beniamino ne se contentait pas des offices religieux prévus dans le programme habituel des jours de la semaine (messe matinale, trois offices au chœur, chapelet). Il priait beaucoup dans la chapelle du *seminario*, en dehors des offices, et dans sa chambre. Un de ses camarades, le futur père Ermacore de Premariacco, qui sera plus tard son supérieur au couvent d'Udine, témoignera qu'il était « fervent et dévot », même s'il le trouvait par ailleurs « silencieux et taciturne[15] ».

Le 2 novembre 1921, jour où l'Église commémore tous les fidèles défunts, Beniamino rédigea et signa l'*Acte héroïque de charité*. Cette pieuse pratique, propagée depuis la fin du XVIIIe siècle par le père Gaspar Oliden, de l'ordre des Théatins, diffusée en de nombreux pays et approuvée par la Congrégation des indulgences à Rome, constitue une offrande de ses bonnes œuvres et de ses prières « en faveur des âmes du purgatoire ». Le jeune séminariste recopia ce jour-là la version brève de cet *Acte héroïque* :

> Mon Dieu, en union aux mérites de Jésus-Christ, votre Fils, et de la Très Sainte Vierge Marie, j'offre

13. *Ibid.*, p. 167.
14. *Ibid.*, p. 47.
15. *Ibid.*, p. 75.

> en suffrage pour les âmes du purgatoire toutes les œuvres satisfactoires que je ferai en cette vie et celles qui me seraient appliquées après ma mort.

Puis le 23 février suivant, il rédigea un acte d'« Offrande à Dieu à réciter chaque matin[16] ». Cette très longue prière, qu'il a rédigée en s'inspirant sans doute d'autres textes de même nature, avait la forme d'un « pacte » – le mot revient deux fois. C'était un acte de consécration totale à Dieu, au « Saint, Saint, Saint, le Seigneur Sabaoth ». La consécration disait notamment :

> Je vous offre mes yeux, et chaque fois que je les ouvrirai, je regarderai le ciel. Je veux vous désirer et soupirer de vous rejoindre pour vous louer au paradis. [...] Je vous offre mes soupirs, et chaque fois que je respire je veux vous remercier parce que mon Seigneur Jésus-Christ a daigné naître pour moi, mourir pour moi, et je veux vous remercier de toutes les autres grâces passées, présentes et futures, spécialement la grâce du baptême et de la vocation religieuse [...] Je vous offre mon cœur et je veux que chacun de ses battements soit un acte d'amour envers vous, mon Seigneur, mon Père, mon Époux. [...] Enfin toutes les fois que je bougerai les mains et les pieds, je veux m'abandonner dans vos bras, comme un fils dans les bras de son père, soumis en tout à votre Sainte Volonté et disant : "Qu'il me soit fait selon votre volonté". Qu'il en soit ainsi[17].

16. Publié intégralement dans *Positio*, p. 55-56.
17. Publié intégralement dans *Positio*, p. 471.

Lors du procès de béatification, tous les écrits de Padre Giacomo – soit 51 lettres, la plupart adressées à sa famille, et les prières qu'il a rédigées – seront examinés par des théologiens. Il s'agissait, comme dans tous les procès de béatification, de juger de leur orthodoxie au regard de la doctrine et de la morale catholiques. À propos des prières et consécrations que l'on vient d'évoquer, les censeurs théologiens estimeront : « Dans les prières émerge la spiritualité typique des années 1920. Les formules expriment de manière évidente la forte inspiration de foi de l'auteur et sa ferme intention d'être tout à Dieu[18]. »

Le jeune Beniamino Filon, animé par cet élan spirituel de consécration totale à Dieu, commençait alors à être atteint par une maladie, pas encore diagnostiquée, dont les effets seront de plus en plus visibles. Le père Fabio de Santa Maruia de Sclaunicco, alors séminariste, l'a connu pendant l'été 1922. Il témoignera que « déjà à cette époque se manifestaient les premiers symptômes de la maladie qui allait l'accompagner toute sa vie » : il avait « une démarche un peu maladroite, lourde », et « une certaine difficulté à parler, lentement ». Mais « malgré cela il conservait une totale sérénité[19] ».

Après une année d'études générales à Vérone, notamment en latin et en italien, lui et d'autres de ses condisciples furent jugés aptes à se présenter au noviciat. À cette époque, un ardent désir de devenir religieux ne suffisait pas pour être admis. Plusieurs attestations, déclarations et examens étaient nécessaires[20]. Le 19 juillet 1922, Mgr Pellizzo, évêque de Padoue, signait une déclaration attestant que le jeune Beniamino Filon – il avait 22 ans

18. *Positio super scriptis*, Congrégation pour les causes des saints, Rome, 2000, p. 8.

19. *Positio*, p. 43 et p. 48.

20. Déclarations, attestations et certificats reproduits dans *Positio*, p. 352-355.

– n'était ni marié, ni fiancé, ni endetté, et qu'il n'y avait pas d'empêchement canonique à ce qu'il devienne religieux. Le 24 août, un médecin de Vérone délivrait un certificat médical attestant que le jeune homme avait « une constitution physique saine et robuste ». Le 19 septembre, Père Pio de Levada, vice-directeur du séminaire séraphique de Vérone, délivrait une attestation en sa faveur : Beniamino Filon s'est toujours signalé, disait-il, « par la piété, la docilité, ses bonnes mœurs » et « a toujours montré la volonté et le désir de devenir religieux ».

Enfin, le 27 septembre, le jeune homme comparut à Vérone devant une commission présidée par le père Odorico de Pordenone, Ministre provincial de l'ordre, assisté de trois pères examinateurs, Paolo de Cadore, Ruffino de Cadore et Venceslao de San Martino di Lupari. Il fut interrogé sur son itinéraire, ses convictions et ses motivations. À l'issue de cet examen, il signa une déclaration par laquelle il demandait à être admis au noviciat en qualité de *chierico* (jeune clerc). Par ce formulaire, en dix points, le candidat au noviciat attestait notamment « n'avoir jamais perdu [son] honneur et [sa] réputation avec de mauvais camarades, en fréquentant les auberges, en abusant du vin, en faisant de faux serments en justice », n'avoir jamais professé publiquement « des choses contraires à la foi catholique », n'être pas engagé par une promesse de mariage, n'avoir pas de dettes. Il affirmait aussi vouloir entrer dans l'ordre des Capucins « non par manque de subsistance, ou par crainte de dommages temporels, ou pour quelque autre motif bas et terrestre, mais à la seule fin d'assurer au mieux [son] salut éternel et de toujours plaire à Dieu en [se] sanctifiant[21] ».

21. Déclaration du 27 septembre 1922, reproduite dans *Positio*, p. 355.

L'anno di prova

Le noviciat était situé à Bassano del Grappa, au nord de la province, au pied des Alpes, à une centaine de kilomètres de Balduina. Il était établi dans cette petite ville depuis 1593. Le cadre était propice : des collines environnantes, couvertes de vignes et d'oliviers, le bon air, et l'estime qu'avaient les habitants pour ces apprentis religieux qu'ils voyaient se succéder d'année en année.

Beniamino Filon et quelques-uns de ses condisciples partirent de Vérone le jour même. Le lendemain, 28 septembre 1922, ils reçurent l'« habit de probation », selon l'appellation de l'époque, des mains du Père Maître des novices. Selon la tradition capucine, les habits civils qu'ils quittaient étaient conservés au couvent. Si les candidats quittaient le noviciat en cours d'année ou s'ils en étaient renvoyés, ils retrouveraient leurs habits séculiers, s'ils persistaient dans leur vocation, les habits seraient « distribués aux pauvres » le jour de leur profession religieuse.

Le 28 septembre, Beniamino reçut la rude bure de laine brune qu'il ne quittera plus jusqu'à sa mort, et dans laquelle il sera enterré. Ce jour-là aussi il reçut son nom de religion, Giacomo de Balduina : Giacomo, en mémoire du prénom de son père, et Balduina pour garder souvenir, selon la tradition capucine, de son lieu de naissance.

Le noviciat durait un an. On l'appelait habituellement l'*anno di prova* (« année de probation ») : le jeune religieux était mis à l'« épreuve » de la vie religieuse et en même temps il devait faire la « preuve » que là était bien sa vocation. Une fois encore, Frère Giacomo était largement l'aîné : il avait 22 ans, tandis que les autres novices avaient 16 ou 17 ans. Sa maturité de caractère, sa docilité et son zèle compenseront ses déficiences dans d'autres domaines.

Les novices étaient placés sous l'autorité d'un Père Maître, le père Marcellino de Cartigliano. Pendant un an, il les accompagnera pas à pas, les formera dans la vie religieuse, les instruira et sera leur directeur spirituel. Ils n'auraient pas d'autre professeur ou formateur que lui et c'est donc un lien étroit de dépendance et de confiance qui allait s'instituer entre le groupe des novices et leur Père Maître, qui aurait, disent les *Constitutions*, « plein et absolu pouvoir dans le gouvernement du noviciat et dans l'éducation des novices[22] ». Il était prescrit que le Père Maître, qui pouvait éventuellement être assisté d'un Père Sous-Maître, devait avoir « au moins 35 ans » et être choisi « parmi les religieux réputés pour leur prudence et leur maturité, instruit dans la science tant du droit canonique et régulier que de la théologie morale, et dans les voies de la perfection d'après les véritables principes de la théologie ascétique et mystique[23] ».

Le Père Maître devait enseigner « plus encore par [ses] exemples que par [ses] paroles ». Il formait à la vie religieuse, rythmée par les sept offices au chœur tout au long de la journée : Matines et Laudes, « à minuit », office de louange dans le silence de la nuit autant qu'acte pénitentiel qui interrompt le sommeil; Prime et Tierce avant la messe; Sexte, avant le repas de midi; None dans l'après-midi; Vêpres avant le repas du soir; Complies avant le coucher. S'ajoutaient, dans la journée, la visite au Saint-Sacrement, le temps consacré à l'oraison et à la récitation du rosaire.

L'oraison tient une place essentielle dans la vie religieuse des capucins. Les *Constitutions* disent qu'elle

---

22. *Constitutions des Frères Mineurs Capucins de saint François approuvées par sa Sainteté Pie X*, Maison Saint-Roch, Couvin – Curie Généralice, Rome, 1910, § 16.
23. *Ibid.*, § 13.

est « la maîtresse de notre vie spirituelle, la mère et la nourrice de toute véritable vertu » (§ 56). Il est prescrit que tous les religieux lui consacrent deux heures par jour, « l'une le matin et l'autre le soir ». L'oraison est définie comme une prière mentale « beaucoup plus avantageuse » que la prière vocale : « nous exhortons les frères à s'appliquer avec le plus grand soin à prier mentalement beaucoup plus que vocalement » (§ 57). Avec une certaine radicalité, les *Constitutions* placent l'oraison au premier rang de la prière : « La prière n'étant autre chose qu'un entretien de l'âme avec Dieu, celui qui ne prie que de bouche ne prie pas réellement. » Si les supérieurs de Frère Giacomo ont parfois douté de son aptitude à exercer un apostolat, ils conviendront qu'au terme du noviciat il est devenu un homme de prière, non seulement assidu à tous les exercices de piété, mais aimant la prière personnelle.

Hormis les offices au chœur et la messe, et l'apprentissage de l'oraison, la journée du novice alternait entre travail manuel et étude. Dans sa *Règle* comme dans son *Testament*, saint François a exhorté les frères à travailler. Les *Constitutions* en font une règle, « pour fuir l'oisiveté, source de tous les maux, pour édifier le prochain et être moins à charge aux personnes du monde ». Chaque religieux doit travailler selon son état : ceux qui sont prêtres se consacreront principalement aux différentes tâches de leur ministère, ceux qui se préparent au sacerdoce consacreront l'essentiel de leur temps aux études sacrées, etc. Les novices n'étaient plus des laïcs et pas encore des religieux, ils consacraient une partie de leur journée à des travaux manuels pour la communauté : jardinage, vaisselle, lessive, ménage du couvent.

Une partie de la journée se passait aussi dans la salle d'étude. Le Maître des novices leur donnait chaque jour une ou plusieurs *conferenze*. Il commentait la *Règle* de saint

François – que les novices devaient apprendre par cœur –, les *Constitutions* de l'ordre capucin et le coutumier de la province (recueil des usages et des pratiques en vigueur dans les couvents de la province). Il donnait aussi aux novices de brèves instructions spirituelles.

La « lecture spirituelle » en cellule faisait partie aussi de la journée du novice. Padre Pio, qui fit son noviciat en 1903, n'avait droit qu'à trois livres dans sa cellule : l'*Imitation de Jésus-Christ*, un classique de la spiritualité des XIVe–XVe siècles ; les *Méditations sur la Passion du Christ pour tous les jours de l'année* de Gaetano Maria de Bergame, un capucin du XVIIIe siècle, et un recueil de la vie des saints de l'ordre capucin. Vingt ans plus tard, le jeune Giacomo a été formé également par un autre classique, l'*Art de l'union avec Dieu* de Giovanni de Fano, un capucin du XVIe siècle, dont il convient de dire quelques mots.

Giovanni Pili, né à Fano, entré chez les Frères mineurs de l'Observance vers 1485, fut un prédicateur célèbre, surnommé « le nouvel Antoine de Padoue ». Élu Provincial des Marches en 1518, réélu en 1524, il s'opposa d'abord à la réforme capucine naissante, faisant emprisonner comme apostat un de ses fondateurs, Matteo de Bascia. En 1532, il publia un ouvrage de controverse contre la « zizanie luthérienne ». Puis, en 1534, il rejoignit les capucins et sera un des rédacteurs des premières *Constitutions* de l'ordre. En 1536 il publia, en latin, l'*Art de l'union avec Dieu.* Il mourut en 1539.

L'*Art de l'union avec Dieu* est considéré comme le premier traité spirituel et mystique écrit par un capucin. Il avait été en usage dans les noviciats pendant plusieurs siècles, et lu aussi par des laïcs. À l'époque où Frère Giacomo s'engagea dans l'ordre capucin, l'ouvrage connut une nouvelle édition, en latin, avec un commentaire en italien du père Frédégonde d'Anvers qui le rendait accessible à un plus grand nombre de lecteurs[24]. C'est par cette édition qu'à Bassano del Grappa puis à Thiene le jeune capucin a pu se nourrir à cette haute spiritualité.

L'*Art de l'union avec Dieu* offre « une méthode de prière en vue d'atteindre la perfection de l'amour » et décrit l'oraison quotidienne comme le meilleur moyen d'arriver à l'union avec Dieu dans le Christ. Giovanni de Fano insistait sur l'oraison « affective » ou « aspirative » qui consiste en des « aspirations », c'est-à-dire des oraisons jaculatoires et de brèves invocations.

Giovanni de Fano, selon un schéma classique inspiré de saint Bonaventure, distinguait trois étapes pour arriver à l'« union avec Dieu dans le Christ » : la voie purgative, la voie illuminative et la voie unitive. Dans la voie purgative, de façon très concrète, il distinguait douze « degrés d'humilité » à franchir :

1. Une disposition interne et externe à l'humilité.
2. Parler peu et à voix basse.
3. Ne pas parler, sinon par nécessité, charité ou obéissance.
4. La modestie du regard.
5. Ne pas se singulariser dans le manger, l'habit et la conversation.
6. Se considérer comme inférieur aux autres.
7. Croire et confesser qu'on est indigne, pas préparé et inutile pour toutes les charges.
8. La confession fréquente.
9. L'obéissance aux supérieurs.

---

24. L'édition du P. Frédégonde d'Anvers a été publiée d'abord dans les *Analectis Ordinis Fr. Min. Capuccinorum* en 1923 et 1924, puis en édition séparée en 1924. L'ouvrage a été réédité dans le recueil *I Frati Capuccini. Documenti e testimonianze del primo secolo*, t. III, vol. 1., Edizioni Frate Indovino, Pérouse, 1988.

10. Accepter les persécutions, les infirmités, les médisances et toutes les adversités parce que Dieu les permet ou parce qu'elles viennent de la méchanceté humaine ou par ses propres fautes.
11. L'abnégation de sa propre volonté.
12. La crainte de Dieu et le sentiment constant de sa présence.

L'humilité restera un des fondements de la spiritualité capucine. Padre Giacomo s'attachera, toute sa vie, à y être fidèle.

Austérité, pénitence et obéissance

La *Règle* de saint François d'Assise et les *Constitutions* de l'ordre constituaient la norme intangible de la vie religieuse capucine. Le « chapitre des coulpes » était un moyen de favoriser la plus grande fidélité dans l'observance des pratiques de la vie religieuse. Trois fois par semaine – les lundis, mercredis et vendredis – les novices (comme les autres religieux dans les autres couvents) se réunissaient pour avouer et reconnaître leurs « manquements à la *Règle* et aux *Constitutions* », « les transgressions et les négligences » dont ils s'étaient rendus coupables au for externe. Pour se corriger, disent les *Constitutions*, « ils recevront leurs réprimandes et leurs corrections à genoux, selon la louable coutume de nos humbles pères, et les supporteront avec une inviolable patience, sans jamais se permettre aucune réponse orgueilleuse[25] ».

L'austérité et la pénitence étaient une des dominantes de la vie capucine. *O penitenza o inferno* (« Ou la pénitence

25. *Constitutions*, § 196 et 199.

ou l'enfer ») disait une des inscriptions peintes sur un couloir du couvent de Morcone, dans le sud de l'Italie, où Padre Pio avait fait son noviciat une vingtaine d'années plus tôt. Dans tous les couvents capucins de cette époque la mortification de la chair se traduisait par l'abstinence de viande deux jours par semaine (le mercredi et le samedi), le jeûne tous les vendredis de l'année – en mémoire de la Passion du Christ –, la veille de la Saint-François et la veille de l'Immaculée-Conception. S'ajoutaient trois longues périodes de carême au cours de l'année liturgique : le carême dit de la *benedetta,* qui commençait le 30 juin et se terminait le 15 août, pour la fête de l'Assomption ; celui de l'Avent qui commençait à la Toussaint et se terminait à Noël ; et le Carême proprement dit qui durait du mercredi des Cendres jusqu'à Pâques.

La chair était mortifiée encore par la discipline que les novices et les autres religieux se donnaient trois fois par semaine. « Pour réprimer les révoltes de la chair contre l'esprit et la soumettre absolument à son empire, et encore en mémoire de la très douloureuse Passion de Notre-Seigneur Jésus-Christ, surtout de sa sanglante flagellation[26] », le lundi, le mercredi et le vendredi, après le repas du soir, les novices réunis au chœur, toutes lumières éteintes, se fouettaient le bas des reins en récitant des prières.

L'obéissance était une vertu centrale dans l'ordre capucin. Cette obéissance, « pour l'amour de Notre-Seigneur », plus elle sera « humble et prompte », disent les *Constitutions,* « plus elle sera méritoire et agréable à Dieu » (§ 6). Cette obéissance est pyramidale : les pères et les frères sont sous l'autorité immédiate du Père Gardien du couvent ; tous les religieux d'une même province sont sous l'autorité d'un Ministre provincial et tous les

26. *Constitutions,* § 61.

Provinciaux et les couvents de toutes les provinces sont sous l'autorité d'un Ministre général, considéré comme « légitime successeur et représentant de N. S. Père saint François ».

« Il ne sait rien faire d'autre que prier »

Frère Giacomo s'engagea avec ferveur et application dans son année de noviciat. Le 2 novembre 1922, un peu plus d'un mois après son arrivée à Bassano, il renouvela « l'acte héroïque de charité en faveur des âmes du purgatoire » qu'il avait copié et signé un an plus tôt à Vérone. Il ne recopia pas l'acte proprement dit, mais il fit à nouveau sa consécration et apposa sur le document une nouvelle date et sa nouvelle signature : *Fra Giacomo*.

Les *Constitutions* de l'ordre capucin demandent que « tous les premiers vendredis du mois » les religieux, novices ou profès, renouvellent, « soit en particulier, soit en commun, leur consécration au Sacré-Cœur de Jésus » et que tout l'ordre le renouvelle en commun « le jour de l'Épiphanie[27] ». Dans cet esprit, le 8 février 1923, Frère Giacomo rédigea un acte de consécration au Sacré-Cœur de Jésus :

> Ô Cœur de Jésus, je vous consacre ma personne, ma vie, mes actions, tout moi-même, et je ne veux plus me servir d'aucune partie de mon être que pour vous honorer, vous aimer, vous glorifier.
> Ma volonté irrévocable est d'être tout à vous, de faire tout pour votre amour et de renoncer de tout cœur à tout ce qui pourrait vous déplaire. Je vous prends

27. *Constitutions*, Appendice I, p. 132.

> donc, ô très sacré Cœur de Jésus, comme unique objet de mon amour, comme promesse de ma vie, comme assurance de mon salut, comme remède à ma fragilité et à mon inconstance, réparateur de tous mes défauts et comme mon asile sûr à la fin de ma vie. [...] Je veux que toute ma joie et toute ma fierté soient de vivre et de mourir comme votre esclave[28].

Il signa et data cet acte de consécration.

Frère Giacomo, novice zélé et pieux, acceptait sans difficulté les austérités du noviciat, s'appliquait à respecter toutes les observances, faisait avec joie tous les sacrifices qui étaient demandés, mais, se souviendra le Maître des novices, il versa « des larmes, tant de larmes durant toute l'année du noviciat[29] ». Il craignait d'être renvoyé du noviciat, à cause de ses moyens intellectuels limités et de ses difficultés à s'exprimer. Un jour, chargé de faire la lecture durant le repas au réfectoire, il eut la plus grande peine à lire le livre du jour qui était en latin. Il multipliait tant les fautes de lecture que le Père Gardien l'interrompit et lui fit recommencer la lecture depuis le début. Les choses empirèrent. Frère Giacomo baissa la tête et se mit à pleurer. Le Père Gardien crut qu'il riait jusqu'aux larmes et l'interpella : « Et en plus tu ris ? Tu n'as pas honte ? » Les larmes du novice intimidé et honteux redoublèrent.

Un jour, selon le témoignage de Francesco Filon, le Maître des novices dit à son frère : « Cher fils, tu n'es pas fait pour être religieux : tu ne réussis pas dans tes études, tu es trop timide pour faire la quête, tu ne sais rien faire d'autre que prier... » Frère Giacomo, craignant d'être exclu du noviciat, se mit à genoux et supplia : « S'il est

28. Publié dans *Positio*, p. 56.

29. *Positio*, p. 341.

vrai que je ne peux pas devenir religieux, ne me renvoyez pas, par charité ! Ayez encore un peu de patience et de charité envers moi ; gardez-moi au moins pour faire le domestique à la cuisine et si vous ne voulez pas me faire dormir au couvent, il me suffit que vous me laissiez dormir à l'écurie[30]. » Quoi qu'il en soit de l'exactitude de l'échange, qui date probablement des débuts du noviciat, le père Marcellino comprit que Frère Giacomo, malgré ses insuffisances, avait une « vraie et forte vocation et que, par conséquent, le Seigneur pouvait avoir des vues spéciales sur cette âme[31] ». Il s'attacha dès lors à réconforter le jeune novice et, dira-t-il, « chacune de mes paroles d'encouragement était un baume pour lui et il le manifestait avec un sourire de paradis : il était tellement beau ce sourire avec toujours les larmes aux yeux ».

Les *Constitutions* prévoient que durant l'année de probation, à trois reprises – le quatrième, le huitième et le dixième mois –, le chapitre se prononce sur la vocation religieuse de chacun des novices. Le chapitre était composé du Père Gardien du couvent, du Maître des novices et des religieux profès qui résidaient dans le couvent. Après un rapport du Maître des novices et en fonction de ce qu'ils avaient vu du comportement des novices en communauté, chacun s'exprimait par un vote à bulletin secret. Seuls les novices qui auraient obtenu la majorité des voix seraient admis à faire leur profession religieuse, la décision finale appartenant au Ministre provincial. Durant le noviciat, à trois reprises – les 12 février, 22 mai et 13 juillet 1923 –, les votations furent à chaque fois unanimement favorables à Frère Giacomo.

30. *Ibid.*, p. 148.

31. Témoignage du P. Marcellino de Cartigliano, cité dans *Positio*, p. 341-342.

Le 29 septembre suivant il fut admis à faire sa profession temporaire des vœux de pauvreté, chasteté et obéissance. La cérémonie eut lieu à 7 h 30 dans l'église du couvent. Sa mère, son frère Francesco et une de ses sœurs étaient venus de Balduina. Le Maître des novices reçut au nom de l'ordre capucin la formule de profession religieuse que Frère Giacomo venait de signer.

On avait enseigné aux novices à garder habituellement les yeux baissés, par esprit de mortification. Durant toute la cérémonie, Frère Giacomo avait gardé les yeux baissés. Après la cérémonie, en présence de sa mère, de son frère et de sa sœur, qu'il n'avait pas vus depuis un an, il avait continué à baisser les yeux, n'osant les regarder. Les autres novices se moquaient gentiment de lui. Au témoignage de Francesco, le Maître des novices dut intervenir un peu brutalement : « Mais pourquoi tu te tiens comme ça ? Lève les yeux ! Tu as peur de voir le diable ? » Timidement alors, Frère Giacomo regarda sa mère, son frère et sa sœur. Le père Marcellino s'adressant alors à madame Filon lui dit : « Chère Madame, vous avez un fils dont je ne sais pas ce qu'il pourra faire de sa vie, parce qu'il ne sait rien faire, sauf prier. » Mais il lui dit aussi être convaincu que « le Seigneur [avait] des vues spéciales sur cette âme ».

Chapitre 3

Vers le sacerdoce

Dans l'après-midi du 29 septembre 1923, Frère Giacomo quittait Bassano del Grappa avec les autres jeunes profès pour rejoindre le couvent d'études de Thiene, à une vingtaine de kilomètres de là. Il y passa trois années, achevant ses études secondaires et y faisant ses études de philosophie.

Les Capucins étaient installés à Thiene depuis 1610, près d'une église dédiée à la Madonna dell'Olmo (« Notre-Dame de l'Orme »). Le titre faisait référence à l'orme au sommet duquel en 1530, à trois reprises, la Vierge Marie était apparue. Les Capucins célébraient la messe dans le sanctuaire marial une fois par jour et plusieurs messes le dimanche et les jours de fête. Ils y étaient aussi les confesseurs habituels. Mais la messe conventuelle et l'office quotidien étaient célébrés dans la chapelle du couvent.

« *Andiamo dalla Madonna* »

Frère Giacomo devint rapidement un familier du sanctuaire. Il cherchait toutes les occasions de s'y rendre pour quelque visite de piété ou pour aider le sacristain, notamment pour préparer l'autel lors des grandes fêtes mariales.

Sa dévotion envers la Vierge Marie était continuelle. Le couvent disposait d'un grand jardin. Frère Giacomo aménagea, dans un coin isolé du jardin, un petit oratoire dédié à la Sainte Vierge. D'une anfractuosité du mur d'enceinte il fit une petite grotte où il plaça une belle image de Notre-Dame de Lourdes, qu'il ornait régulièrement de fleurs. D'où lui venait cette dévotion envers Notre-Dame de Lourdes ? On l'ignore. Les apparitions de la Vierge à Lourdes, qui datent de 1858, avaient été proclamées comme d'origine surnaturelle en 1862. Les premiers pèlerinages de malades en provenance d'Italie avaient été organisés en 1903[1]. Le procès de béatification en cours de Bernadette Soubirous, qui aboutira en 1925, faisait davantage connaître Lourdes en Italie.

Lors des récréations, Frère Giacomo entraînait quelques-uns de ses condisciples vers la petite grotte en disant : « *Andiamo dalla Madonna*, Allons chez Notre-Dame. » Ils récitaient un *Ave Maria* et quelque autre prière, et les jours de fête mariale ils ajoutaient un cantique. Lors des promenades hebdomadaires, il cherchait aussi à entretenir la ferveur mariale. Ces promenades en groupe, qui duraient une heure ou deux dans la campagne alentour, étaient un moment attendu dans une semaine tout entière consacrée aux études. Les conversations étaient libres. À un moment, après quelques conversations banales, Frère Giacomo disait de façon quasi rituelle : « Bon, parlons de la Madone. » Un petit groupe se formait autour de lui.

1. Fondation de l'UNITALSI (*Unione nazionale italiana trasporto ammalati a Lourdes e santuari internazionali*) qui est restée, jusqu'à aujourd'hui, la principale organisation italienne de pèlerinages et d'accompagnement des malades à Lourdes. C'est par l'UNITALSI que Padre Giacomo partira à Lourdes en 1948.

Il ne se lançait pas lui-même dans de grandes considérations sur la Vierge Marie. Il demandait à quelque jeune confrère, qu'il savait plus instruit ou plus loquace, de parler de tel ou tel point de doctrine, ou du culte marial, ou d'un moment de l'histoire de l'Église en lien avec la Vierge Marie. Le frère Zaccaria de San Mauro, qui deviendra un grand canoniste et exercera d'importantes fonctions à Rome, témoignera : « Il se tournait souvent vers moi et je me souviens être resté parfois embarrassé quand il me demandait de développer tel ou tel argument ou de résoudre quelque question [de théologie mariale[2]]. »

Sa piété mariale l'incitait aussi à honorer la Mère de Dieu par de petits sacrifices. Dans la règle capucine, le mercredi et le samedi sont jours d'abstinence – on ne mange pas de viande. Frère Giacomo, dès ses études, prit pour coutume de s'abstenir de fruits, de dessert et de vin pendant tout le mois de mai – dédié traditionnellement à Marie –, tous les samedis – jour dédié aussi à la Vierge – et également la veille des fêtes mariales. Ce faisant, il ne se singularisait pas, les *Constitutions* de l'ordre capucin autorisant ce genre de mortification si elles se faisaient dans la discrétion : « Si les frères voulaient s'abstenir de vin, de viande, d'œufs, ou faire des jeûnes extraordinaires, leurs supérieurs, loin de s'y opposer, les y exciteront, pourvu néanmoins qu'ils n'y voient aucun inconvénient et qu'ils mangent à la table commune » (§ 69).

Mort de son père

En mars 1924, le curé de Balduina avait averti Frère Giacomo que l'état de santé de son père, âgé de 75 ans,

2. *Positio*, p. 123.

s'était aggravé. Ses supérieurs l'autorisèrent à se rendre à son chevet. Selon la coutume de l'ordre, il ne logerait pas dans sa famille, mais dans le couvent le plus proche, à Lendinara.

Lorsqu'il arriva à Balduino, tous ses frères et sœurs étaient présents. Plusieurs étaient mariés et vivaient loin de leur village natal. Ils s'en remirent à Frère Giacomo, bien qu'un des plus jeunes de la famille, pour soutenir spirituellement leur père. Le curé de la paroisse lui confia le soin d'assister le chef de famille qui se mourait. Frère Giacomo pria avec lui, lui fit réciter les prières prévues dans le rite, lui fit baiser le crucifix. Don Trentin ne revint au chevet du mourant que pour les derniers sacrements. Giacomo Filon mourut le 11 mars à 21 h 30. Son fils le veilla toute la nuit, jusqu'à la messe de suffrage qui eut lieu le matin dans l'église du village. Après l'office, Frère Giacomo rentra directement à pied au couvent de Lendinara, à huit kilomètres de là.

Il revint à Balduina deux jours plus tard pour la messe des funérailles. Elle fut célébrée par le curé de la paroisse. Frère Giacomo l'assista à l'autel, faisant office de sous-diacre, bien qu'il n'ait encore reçu aucun des ordres majeurs. C'était la première fois que les membres de sa famille et les villageois de Balduina virent le jeune capucin revêtu des ornements liturgiques.

La cérémonie eut lieu en présence d'une assistance considérable. Outre les nombreux membres de la famille, tous les paysans du domaine étaient venus aux obsèques de leur ancien régisseur. Le baron Ugo Treves dei Bonfili vint de Padoue pour rendre hommage à celui qui avait si bien pris soin de ses propriétés pendant près de quarante ans. Dans son sermon, le curé de Balduina salua un « homme sincèrement chrétien et à la conduite intègre. Sa mort est pleurée par tous indistinctement ». Aussitôt après la cérémonie, Frère Giacomo retourna au couvent de Thiene.

Études à Thiene

Les trois années d'études passées à Thiene, de 1923 à 1926, furent moins catastrophiques que ne l'avait laissé craindre l'année de noviciat. Les professeurs de Frère Giacomo étaient des religieux exemplaires et de solides hommes d'étude. Plusieurs d'entre eux exerceront par la suite des charges importantes dans l'ordre. L'un, le père Vigilio de Valstagna, deviendra Ministre général de l'ordre capucin puis évêque de Carpi.

Les classes, réparties en trois niveaux, comptaient de plus en plus d'élèves : quatorze jeunes religieux en 1923-1924, seize en 1924-1925, vingt-deux en 1925-1926. En fin d'année, chaque religieux était noté sur son comportement en classe (*mores*) et sur sa ponctualité (*diligentia*). Dans ces deux rubriques, Frère Giacomo obtint chaque année la note maximale : 10[3]. Les cours portaient sur des matières profanes (italien écrit, italien oral, mathématiques, physique, histoire civile) et sur des disciplines qui préparaient aux études cléricales (latin, philosophie, histoire de la philosophie). Giacomo fut dispensé de grec. Dans les autres matières, il obtint des notes inégales. En troisième année par exemple, il obtint seulement 6 en italien et en latin ; mais deux 8 en philosophie et en histoire de la philosophie, et deux beaux 9 et 9 ½ en physique et en géométrie.

3. Les tableaux récapitulatifs de chaque année sont reproduits dans la *Positio* p. 360-361.

Selon le témoignage d'un de ses compagnons d'étude, durant ces années passées à Thiene se manifestèrent de plus en plus fréquemment les symptômes d'une maladie étrange : « Il commençait à marcher un peu courbé comme pour se mettre au pas ; il devait pousser une jambe en avant comme si elle ne lui appartenait pas[4]. » Cette maladie – le parkinsonisme post-encéphalitique – qui devait l'emporter une vingtaine d'années plus tard ne fut pas diagnostiquée à cette époque. Le médecin du couvent ne put que constater des difficultés motrices grandissantes et un affaiblissement du squelette. À plusieurs reprises, il prescrivit des bains de mer et des bains de sable, que Frère Giacomo alla prendre l'été sur l'Adriatique, et des bains de boue aux thermes d'Abano, à une soixantaine de kilomètres du couvent.

Cette maladie étrange qui commençait à l'atteindre de façon durable, Frère Giacomo commença à la considérer d'un point de vue surnaturel. Au cours de sa première année d'études à Thiene, un de ses condisciples, le frère Zaccaria de San Mauro, lui parla un jour de la *Pieuse union des âmes victimes*, une nouvelle association de piété fondée à cette époque pour prier pour les âmes du purgatoire. Le frère Giacomo lui répondit qu'« il n'avait plus rien à offrir, parce qu'il avait déjà fait l'*Acte héroïque de charité en faveur des âmes du purgatoire* et qu'il s'était déjà offert en victime pour les prêtres[5] ». On a vu, en effet, qu'encore séminariste il avait fait cet engagement, en 1921, renouvelé en 1922. Mais ici apparaît pour la première fois l'intention spirituelle de « s'offrir en victime pour les prêtres ». Une autre fois, on le verra,

4. Témoignage du P. Policarpo de Valdagno, cité dans *Positio*, p. 345-346.

5. Déposition du P. Zaccaro de San Mauro publiée dans *Positio*, p. 118 et p. 128.

il en fera la confidence. Il a ressenti, très tôt, la vocation d'être une âme victime. Non pas par dolorisme ou en se complaisant dans la souffrance, mais avec l'intuition de ce que la théologie appelle la « réversibilité des mérites » ou la « communion des saints » : notre prière, les grâces que nous recevons, les souffrances que nous endurons ne servent pas seulement à *notre* salut, mais peuvent être offerts pour les autres.

À Venise

Après trois années passées à Thiene, le 23 juillet 1926 il rejoignit, avec ses condisciples, le studendat (couvent d'études) de Venise. Ils y poursuivraient les études de théologie qui les conduiraient à la profession religieuse solennelle et à l'ordination sacerdotale.

Les Capucins étaient établis depuis 1539 sur la Giudecca, la plus grande des îles de la lagune, près de la petite église de Santa-Maria-degli-Angeli. À partir de 1573, Venise et sa région furent atteintes d'une épidémie de peste qui provoqua quelque 50 000 morts. Pour en être délivrés, les sénateurs de la Sérénissime firent le vœu d'édifier une église dédiée au Rédempteur. La vaste église fut construite près de Santa Maria degli Angeli. En 1575, elle fut confiée aux Capucins. Le sanctuaire, monumental, édifié selon un plan circulaire dessiné par l'architecte Andrea Palladio, ne fut consacré qu'en 1592. Le couvent adjacent abrita le studendat et aussi, de 1810 à 1940, la Curie provinciale.

À l'époque où Frère Giacomo y fit ses études, les grands bâtiments du studendat étaient entourés d'immenses jardins qui comprenaient un potager, un verger et un beau jardin d'agrément planté de fleurs et arbres nombreux. Frère Giacomo se plaira à s'y promener, à y lire, à y réciter le rosaire.

Dans la cour de récréation du couvent d'études, se trouvait une petite chapelle dédiée à la Vierge Marie. Frère Giacomo en devint familier dès les premiers jours. Il reprit la pieuse coutume qu'il avait instaurée à Thiene. À chaque récréation, il entraînait trois ou quatre condisciples vers la petite chapelle pour une prière à la Vierge et déposer des fleurs devant sa statue. Les jours de fête mariale, ils ajoutaient deux cierges pour honorer encore davantage la Mère de Dieu.

Le père Zaccaria qui, à Thiene comme à Venise, fut un compagnon d'études de Frère Giacomo, et qui restera en lien avec lui par la suite, a bien caractérisé sa spiritualité : « Chez Padre Giacomo la dévotion à la Madone n'était pas simplement *une* forme de dévotion, mais *la forme* de *sa* dévotion, de sa spiritualité. Padre Giacomo vivait sa vie intérieure à la lumière de Marie[6]. »

Quelques mois après son arrivée à Venise, le 8 décembre 1926, en la fête de l'Immaculée-Conception, Frère Giacomo, comme ses dix-huit condisciples de première année de théologie, fit sa profession solennelle dans l'église du Très-Saint-Rédempteur. La cérémonie fut précédée par une retraite spirituelle de huit jours, où chacun se prépara à faire des vœux perpétuels et non plus temporaires, de pauvreté, de chasteté et d'obéissance, entre les mains du Vicaire provincial, le père Marino de Valstagna. Frère Giacomo devenait ainsi, de façon définitive, membre de l'ordre capucin, et se consacrait pour toujours à Dieu.

6. *Positio*, p. 124.

Entre études et maladie

Le couvent d'études de Venise était un des plus réputés de l'ordre. Le plus grand théologien capucin, saint Laurent de Brindisi (que Jean XXIII proclamera docteur de l'Église), y fut pendant quelques années professeur de théologie et d'Écriture sainte.

Dans l'ordre capucin les études de théologie duraient quatre ans et conduisaient à l'ordination sacerdotale. Pour Frère Giacomo, la maladie vint perturber le déroulement des études[7]. La première année de théologie, 1926-1927, se déroula à peu près normalement. Comme à Thiene, Frère Giacomo obtint pour son comportement en classe comme pour sa ponctualité la note maximale : 10. Dans les sept disciplines enseignées la première année – dogmatique, morale, droit canonique, histoire de l'Église, Écriture Sainte, patrologie et éloquence – il eut des notes plus basses, entre 6 et 8, mais sans jamais être le plus mal noté de sa classe. Au cours de cette première année de théologie il reçut les premiers ordres mineurs (portier et lecteur), qui lui furent donnés le 2 avril 1927 par le cardinal La Fontaine dans la chapelle de la Curie patriarcale.

Mais, au cours de ce qui aurait dû être sa seconde année de théologie, 1927-1928, il ressentit de plus en plus fréquemment « de l'asthénie et un engourdissement de son corps » : « Il ne se déplaçait plus qu'avec une extrême lenteur. Il marchait à petits pas précipités comme s'il allait tomber en avant. Il ne parvenait plus à s'exprimer qu'avec peine et en bafouillant. Et surtout, par temps orageux ou lorsqu'il faisait lourd, sa langue semblait entravée, son cerveau engourdi, incapable de raisonner et de se souvenir.

7. Les tableaux récapitulatifs des notes, par classe et par année, sont reproduits dans *Positio*, p. 387-390.

Il souffrait d'indispositions intestinales et d'importants troubles du sommeil.

Il ne lui était plus possible de participer à la vie commune, ni de se rendre au chœur et au réfectoire, ni de prier et d'étudier. Ce n'est qu'à grand-peine et avec de l'aide qu'il pouvait sortir de sa cellule où, seul, il passait des heures interminables[8]. »

Le médecin habituel du couvent ne pouvant établir un diagnostic précis, le Père Gardien du couvent d'études envoya Frère Giacomo consulter un spécialiste, le professeur Spanio, qui exerçait à l'hôpital civil de Venise. Son compagnon d'études, Frère Policarpo di Valdagno, qui l'accompagnait, a témoigné : « Frère Giacomo s'est souvenu devant le professeur qu'enfant il avait eu un "début d'encéphalite[9]". » Le professeur chercha dans cette direction et les analyses de sang qui furent faites confirmèrent que Frère Giacomo était atteint d'une encéphalite léthargique. À cette époque, il n'y avait pas de traitement contre cette infection.

La première *Règle* de saint François d'Assise, dite aussi *Regula non bullata*, rédigée en 1221, consacre son dixième chapitre aux « frères malades ». Comment les autres frères doivent-ils prendre soin d'eux ? Et aussi quelles sont les dispositions d'esprit que ces frères malades doivent avoir ? La *Règle* prescrit de se montrer charitable envers les frères malades : « Si un frère, où qu'il soit, tombe malade, les autres frères ne le quitteront pas avant d'avoir désigné un frère – ou plusieurs s'il le faut – pour le servir comme ils voudraient eux-mêmes être servis. »

---

8. Fernando da Riese Pio X, *Appelé par Notre-Dame à Lourdes*, *op. cit.*, p. 30.
9. *Positio*, p. 167.

Le frère malade, lui, doit s'exercer à la patience : « Si un frère malade se trouble ou s'irrite soit contre Dieu soit contre ses frères, ou s'il exige ses remèdes avec impatience, dans un désir excessif de sauver une chair qui pourtant mourra bientôt et qui est ennemie de l'âme, cela lui est inspiré par l'esprit mauvais; c'est un homme charnel, il ne se conduit pas comme un de nos frères, puisqu'il aime le corps plus que l'âme. » Et surtout il doit mettre toute sa confiance en Dieu : « Quant au frère malade, je le prie de rendre grâces au Créateur de tout ce qui lui arrive; tel le Seigneur le veut, tel il doit se vouloir : bien portant ou malade; car tous ceux que Dieu a prédestinés à la vie éternelle, il les y prépare par l'aiguillon de la souffrance et de la maladie et par l'esprit de pénitence. »

Frère Giacomo entrera progressivement dans cette disposition spirituelle. Dans les années où les atteintes de la maladie seront les plus visibles et s'aggraveront, tous les témoins de sa vie seront frappés par sa sérénité et son acceptation des souffrances, non comme une fatalité à subir, mais comme une grâce. Il dira plus tard : « Je suis entre les mains du Seigneur. Le Seigneur m'aime en me donnant une occasion de souffrir quelque chose. »

Durant cette année 1927-1928, il manqua beaucoup de cours et de devoirs. Néanmoins il put recevoir deux nouveaux ordres mineurs (exorciste et acolyte) le 1er novembre 1927.

Ses difficultés dans les études ne le décourageaient pas. Il les acceptait comme une volonté de Dieu. En juillet 1928, Frère Fabio de Santa Maria, qui poursuivait ses études de philosophie au couvent de Padoue, vint passer quelques semaines de repos au couvent de Venise. Il retrouva Frère Giacomo, dont il avait été le condisciple au *seminario serafico* de Vérone. « Il était toujours, témoignera-t-il, le jeune religieux tranquille, affable, modeste, pieux » qu'il avait connu[10].

Les notes obtenues à l'issue de sa troisième année de théologie, en 1928-1929, montrent ses difficultés persistantes. S'il obtint, comme toujours, la note maximale (10) dans les rubriques *Mores* et *Diligentia*, ses notes étaient faibles dans beaucoup de matières : 6 en théologie dogmatique, 7 en patrologie, 6 en éloquence, 6 en chant ecclésiastique. Mais il eut aussi de bons résultats en d'autres disciplines, notamment un 9 en liturgie. Le père Paolino de Premariacco, qui était cette année-là directeur-adjoint des études et professeur de théologie morale, de droit canonique, de pastorale et de liturgie, témoignera : « Je n'ai jamais eu l'impression qu'il ne comprenait pas ce qu'on lui enseignait, bien que, lorsqu'on l'interrogeait, il avait de la difficulté à s'exprimer[11]. » Le père Zaccaria de San Mauro, qui fut un de ses professeurs pendant trois ans, après avoir été son condisciple, témoignera : « Il avait du mal à s'exprimer, ne se distinguait pas par son intelligence, mais il se consacrait à fond à ses études ; il avait les idées claires et il était très équilibré[12]. »

Malgré ses difficultés dans les études, Frère Giacomo était très désireux de devenir prêtre. Au cours de cette troisième année de théologie, à cause de son état de santé très précaire, considéré comme un handicap, ses supérieurs s'interrogèrent sur la possibilité d'une ordination sacerdotale anticipée. Le cas fut d'abord soumis au cardinal La Fontaine, patriarche de Venise. Celui-ci chargea son évêque auxiliaire, Mgr Jeremich, d'examiner le candidat. Le directeur-adjoint du studendat, le père Paolino, témoignera :

10. *Ibid.*, p. 47.
11. *Ibid.*, p. 214.
12. *Ibid.*, p. 112.

« Mgr Jeremich est venu au couvent et l'a interrogé longuement. Il n'a obtenu de lui que des hochements de tête et des monosyllabes. Il m'a appelé et m'a demandé si *graviter onerata conscientia* [« en grave obligation de conscience »] je pouvais jurer que le frère Giacomo avait la science et les qualités exigées pour être ordonné prêtre[13]. » Le père Paolino, « en toute tranquillité de conscience », assura que le frère Giacomo avait toutes les connaissances requises et les qualités nécessaires pour être ordonné prêtre. Mgr Jeremich conclut alors d'un ton pessimiste : « Eh bien, donnons à ce pauvre religieux la satisfaction de célébrer quelques messes avant de mourir[14]. »

Le Provincial des capucins demanda au Ministre général une dispense pour que Frère Giacomo puisse recevoir rapidement les ordres majeurs, avant qu'il ait fait sa quatrième année de théologie, faisant valoir qu'il était atteint d'une « paralysie progressive[15] ». Le 9 mars 1929, le Ministre général des capucins accorda la dispense demandée, à condition qu'après son ordination il poursuive ses études de théologie et n'exerce pas de ministère sacerdotal (confession, prédication et autres offices religieux extérieurs) avant de les avoir achevées.

Dès le 16 mars, Frère Giacomo était ordonné sous-diacre par le cardinal La Fontaine dans la chapelle privée du Palais patriarcal, et le 25 mai il était ordonné diacre. Il acheva sa troisième année de théologie et se prépara à être ordonné prêtre. Un de ses compagnons d'études, Fabio de Santa Maria, se souviendra qu'il « lisait et relisait » le livre des rubriques en se promenant dans le

13. *Ibid.*, p. 214-215.

14. Mariano d'Alatri (dir.), *Santi e santità nell'Ordine cappuccino*, Postulazione generale dei Cappuccini, Rome, 1982, p. 219.

15. Requête du Père Provincial de Venise au Ministre général des Capucins, le 7 mars 1929, reproduite dans *Positio*, p. 391.

jardin du couvent, « voulant apprendre exactement » les nombreuses et précises indications des rites liturgiques[16].

Ordonné prêtre

Le 21 juillet 1929, il fut finalement ordonné prêtre par le cardinal La Fontaine dans l'église paroissiale de San Nicola de Tolentino, à Venise. Sa santé était à nouveau chancelante. Il ne put faire la prosternation requise dans le rite d'ordination, ses confrères durent l'aider pour s'allonger puis se relever.

Les sentiments qu'il éprouva en cette heure unique nous sont connus par une lettre qu'il adressera dix ans plus tard à une de ses sœurs, Cesira. Le mois de juillet, écrira-t-il, est « un mois marqué par de saints souvenirs que je n'oublierai jamais tout au long de ma vie. [...] Il ramène le saint jour de mon ordination sacerdotale. [...] Le jour de mon ordination était présente notre maman bien-aimée qui pleurait de joie à la vue de son fils devenu, après tant de prières, ministre, quoiqu'indigne, du Très-Haut. » Le frère Filippo, du couvent d'Udine, qui recevra plus tard ses confidences, donnera le témoigne suivant : « Le jour où il fut ordonné prêtre, il s'est offert en victime pour les missions et le Seigneur l'a pris au mot. Depuis ce jour une douleur à l'épine dorsale ne l'a plus lâché[17]. »

L'usage pour les jeunes prêtres est de passer quelques journées dans leur famille et de célébrer leur première messe solennelle dans l'église où leur vocation est née ou s'est développée. Dans l'ordre capucin, on ne privait pas les nouveaux prêtres et leur famille de cette célébration.

16. *Positio*, p. 47.
17. *Ibid.*, p. 218.

Néanmoins, selon la coutume, comme au moment de la mort de son père, il ne séjourna pas dans sa famille, mais dans le couvent le plus proche du domicile de sa famille.

La famille Filon et le curé de Balduina fixèrent la « première messe solennelle » du nouveau prêtre au dimanche 4 août. Une affiche fut imprimée pour annoncer la célébration. Elle serait suivie d'un repas de fête, auquel participerait toute la famille et où tous les habitants de la paroisse seraient invités.

Le samedi 3 août, Padre Giacomo quitta Venise pour le couvent de Lendinara. Il y passa la nuit. La chronique de la paroisse de Balduina rapporte : le dimanche matin, le curé Don Trentin vint le chercher dans une belle carriole attelée à deux chevaux. En chemin ils furent rejoints par le baron Ugo Treves, venu de Padoue en automobile, par plusieurs familles venues en charrette et par les membres du Cercle de la jeunesse catholique à bicyclette. Ce long cortège, dont il était le centre, blessa peut-être l'humilité du jeune capucin, mais il ne pouvait s'y soustraire. L'église fut trop petite pour accueillir les fidèles qui étaient venus assister à la première messe solennelle d'un enfant du pays.

Dans la nouvelle église, une grande chorale chanta la messe *Te Deum* de Lorenzo Perosi, que le jeune religieux célébra avec l'émotion qu'on devine. Don Trentin prononça le sermon de circonstance, faisant l'éloge du nouveau prêtre qui gardait les yeux baissés.

Après la messe, comme il est de coutume, il donna ses premières bénédictions de prêtre aux membres de sa famille et aux villageois. Au témoignage de son frère Francesco, à plusieurs reprises, des jeunes hommes qui se présentaient à lui et s'agenouillaient pour recevoir sa bénédiction lui demandèrent pardon, les uns pour lui avoir jeté des pierres lorsqu'ils étaient enfants, d'autres pour l'avoir enfermé, un jour, dans un four à pain d'où son père était venu le délivrer[18] !

« La fête fut d'autant plus belle et l'allégresse d'autant plus grande que, depuis des temps immémoriaux, aucun prêtre originaire de la paroisse n'y avait chanté de première messe », dit la chronique de la paroisse. Le repas qui suivit resta longtemps dans la mémoire des villageois. Tous avaient été invités. Il avait demandé une longue préparation, tant matérielle que culinaire. Il y avait plusieurs centaines de convives. Par ce chaud dimanche de juillet, les tables avaient été dressées sur l'herbe, le long de l'Adige.

Don Trentin profita de la présence du nouveau prêtre pour prendre deux semaines de vacances. Avec l'autorisation de ses supérieurs, Padre Giacomo se retrouva pour quelque temps en charge de la paroisse, célébrant baptêmes et enterrements, visitant les malades. Le dimanche, selon le témoignage de son frère Francesco, il célébrait la messe avec piété et n'osait pas regarder les fidèles pendant le très court sermon qu'il faisait. Un épisode est resté célèbre dans le pays. Un habitant de la paroisse avait un champ envahi de *scarafaggi* (blattes) qui dévoraient toutes ses plantations et dont il n'arrivait pas à se débarrasser. Il demanda au Padre Giacomo de venir bénir son champ. Le jeune capucin vint procéder au rite de bénédiction des champs et des prés, multipliant les prières, les invocations et les aspersions d'eau bénite. Les *scarafaggi* disparurent bientôt du champ.

Après ce premier ministère en paroisse, le jeune prêtre retourna à Venise pour y achever ses études de théologie. Un de ses condisciples se souviendra de « la joie qui irradiait de lui ». Il raconta gaiement et candidement les détails du « triomphe » qu'avait été sa première messe

18. *Ibid.*, p. 176.

solennelle, la nombreuse assistance dans l'église, les chants de la chorale, l'immense banquet qui avait suivi, la montre à gousset qu'il avait reçue en cadeau, « fabriquée en Roumanie » et qui « ne se remonte qu'une fois par semaine ».

« Tel que le Seigneur le veut »

Il fit sa quatrième année de théologie en 1929-1930. Père Zaccaria de San Mauro, qui fut cette année-là un de ses professeurs, témoignera : « Il acceptait volontiers l'avis des autres. Quand il était contredit il ne répliquait pas. Je ne l'ai jamais vu hausser le ton ou prendre position. Dans les conversations il écoutait, mais il n'apportait jamais la contradiction. Durant les cours, quand ses réponses étaient contredites par le professeur, il n'insistait pas, il inclinait la tête et se taisait[19]. » L'aggravation de son état de santé l'empêchait parfois d'assister aux cours, mais ses facultés intellectuelles n'étaient pas diminuées. Son professeur principal, le père Paolino de Premariacco, venait souvent dans sa cellule lui résumer le cours et lui expliquer certains points difficiles. Il témoignera : « Il m'édifiait par sa patience et sa bonté[20]. »

À la fin de la quatrième année de théologie, ses notes, sans être excellentes, ne dépareillaient pas par rapport aux quatre autres élèves de sa classe. Hormis la discipline et le comportement où il obtint les notes maximales, la liturgie restait la discipline où il obtenait la meilleure note.

Le cycle de ses études théologiques étant achevé, il reçut, en date du 22 juillet 1930, la faculté d'entendre

19. *Ibid.*, p. 121.
20. *Ibid.*, p. 215.

partout les confessions et le 25 juillet l'autorisation de prêcher[21]. Il ne fut jamais un grand prédicateur cependant. Lors de ses années passées à Venise, jamais il ne prêcha dans la grande église du Très-Saint-Rédempteur. Tout au plus faisait-il de brèves homélies quand il célébrait la messe au couvent des capucines sur l'île Santa Maria della Grazia, dans la lagune. Cette île était entièrement occupée par un hôpital pour tuberculeux que dirigeaient des religieuses capucines. La première fois qu'il alla célébrer la messe dans leur chapelle, la supérieure, qui ne le connaissait pas, s'inquiéta de son manque d'équilibre dans ses déplacements. Elle demanda à deux infirmiers de se tenir à ses côtés à l'autel pour venir à son secours en cas de besoin[22].

Frère Gaetano de Thiene, qui passa deux années au couvent de Venise avec Padre Giacomo, se souviendra : « Quand il était assis ou debout, il semblait un homme normal, mais quand il commençait à se déplacer, alors il se transformait : incertain dans sa marche, chancelant, il donnait l'impression qu'il allait chuter d'un moment à l'autre. Quand tu étais près de lui, tu avais peur qu'il te tombe dessus. Et pourtant avec toutes les douleurs dont il souffrait certainement, il gardait toujours le sourire aux lèvres. Je ne l'ai jamais entendu se plaindre. Sa compagnie était extrêmement agréable. » Le même religieux témoigne qu'« il célébrait la messe avec beaucoup de dévotion et [que] sa piété transparaissait aussi de son visage angélique[23] ».

Il resta quelques mois encore au couvent de Venise. Comme d'autres de ses confrères, il suivit un semestre de théologie supplémentaire (1930-1931) dans un nombre

21. Patentes pour la confession et la prédication publiées dans *Positio*, p. 395-396.

22. *Positio*, p. 212.

23. *Ibid.*, p. 211.

réduit de matières. Ils étudièrent certains chapitres de théologie dogmatique et de théologie morale qui n'avaient pas été vus les années précédentes. À la fin du semestre, Padre Giacomo obtint la note de 7 dans chacune de ces disciplines, ce qui ne le plaçait ni parmi les meilleurs de sa classe, ni parmi les plus mauvais.

À Capodistria

Sa santé précaire inquiétait ses supérieurs qui ne savaient quelle affectation lui donner. En avril 1931, le Chapitre provincial décida de l'envoyer au couvent Sante-Marta-e-Maria de Capodistria (aujourd'hui Koper, en Slovénie). C'était un petit couvent fondé en 1624 par des capucins venus de Venise. Capodistria, au bord de l'Adriatique, avait longtemps été sous la dépendance de la République de Venise, avant de faire partie de l'empire austro-hongrois, puis d'être cédée en 1919 à l'Italie avec toute la province de l'Istrie.

Le couvent, situé au centre de la ville, était un lieu calme. Au milieu du cloître, un puits assurait l'alimentation en eau. L'église des capucins était une des plus fréquentées de la ville parce que les fidèles savaient pouvoir y trouver en permanence un religieux pour se confesser.

Padre Giacomo avait été envoyé dans ce couvent pour se reposer et récupérer un peu de santé. Il n'y resta que quelques mois. Il se consacra uniquement au ministère de la confession, incapable de prêcher et bien en peine de célébrer de longues messes solennelles. Dans l'église du couvent, au témoignage du supérieur de l'époque, le père Carlo da San Martino di Lupari, son confessionnal était le plus fréquenté.

En août 1931, le père Zaccaria, qui avait été son condisciple à Thiene, puis à Venise, et qui allait poursuivre des études de droit canonique à l'Université pontificale du Latran, résida pendant trois jours au couvent de Capodistria. À son arrivée, il alla saluer Padre Giacomo dans sa cellule[24]. Il le trouva penché sur de gros volumes qui recouvraient littéralement sa petite table de travail. Il s'agissait de traités de théologie morale, anciens ou plus récents. Le père Zaccaria fut stupéfait et lui demanda ce qu'il faisait. Padre Giacomo lui expliqua : « Je revois les principales et les plus importantes questions de théologie morale, pour me préparer à être un bon confesseur, parce que je vois que le Seigneur m'appelle à ce ministère. » Padre Giacomo expliqua à son confrère qu'il n'avait pas les dons requis pour être un bon prédicateur ou un bon professeur et qu'il n'était pas physiquement apte à être un bon missionnaire. Il sentait néanmoins qu'il pourrait être un bon confesseur et qu'il devait se préparer à consacrer sa vie à cette mission. Padre Giacomo lui dit aussi, « textuellement » précise le père Zaccaria : « Je suis convaincu que le Seigneur m'appelle et me veut dans cette voie. Je veux être comme le père Leopoldo. »

Le père Leopoldo de Castelnuovo était alors le plus célèbre des confesseurs capucins. Il sera béatifié par Paul VI et canonisé par Jean-Paul II. Né en 1866 à Castelnuovo (aujourd'hui Herceg Novi, au Monténégro), entré chez les Capucins à l'âge de 16 ans, il fut ordonné prêtre en 1890. Sa très petite taille (1,38 m), ses difficultés d'élocution, sa faible santé lui interdisaient de nombreux ministères et l'avaient empêché de réaliser son rêve d'être missionnaire. Nommé en 1909 confesseur au couvent de

24. Le P. Zaccaria a évoqué à deux reprises cette visite lors du procès de béatification, *Positio*, p. 120 et p. 134.

Padoue, il y restera pendant plus de trente ans, jusqu'à sa mort. Avant d'entrer chez les Capucins, Padre Giacomo l'a-t-il rencontré, s'est-il confessé à lui ? Il ne semble pas. Du moins, dans tous les couvents où il était passé avait-il entendu parler du saint confesseur de Padoue, et à Capodistria-même, où le père Leopoldo avait résidé en 1905-1906.

On ne peut pas dire que Padre Giacomo ait cherché à imiter le père Leopoldo. Mais ils se sont trouvés dans des situations identiques et le ministère de la confession a été pour chacun l'apostolat où accomplir leur vocation religieuse.

Le 28 novembre 1931, Padre Giacomo était envoyé au couvent d'Udine, dans la province du Frioul, avec la charge de confesseur.

Chapitre 4

Il confessore santo d'Udine

Les Capucins étaient établis à Udine depuis 1564. En 1831, ils s'étaient installés dans un ancien couvent de moniales capucines, au 2 de la Via Ronchi, dans le centre de la ville. Leur couvent était situé à quelques pas du grand séminaire et non loin de l'évêché. À l'époque où Padre Giacomo y arriva, c'était un couvent modeste qui comptait douze religieux, dont six frères laïcs. Plus tard, le couvent accueillera des religieux encore étudiants et leurs professeurs, ce qui accroîtra la communauté.

Quelques mois après son arrivée à Udine, il fut informé que l'état de santé de sa mère s'était brusquement aggravé. Le Père Gardien l'autorisa, le 17 juillet 1932, à aller rendre visite à sa mère. Comme lors des derniers jours de son père, il logeait au couvent de Lendinara. Il put assister spirituellement sa mère pendant deux semaines. Elle mourut le 31 juillet.

À Udine, comme à Thiene et à Venise, Padre Giacomo se montra particulièrement attaché à la piété mariale. Dans le jardin du couvent, il y avait une toute petite chapelle qui abritait une statue de la Vierge Marie. Padre Giacomo se rendait tous les jours à cette *Cappellina* – comme l'appelaient les religieux – pour faire une prière à Notre-Dame. Dans les dernières années, quand il aura des difficultés à se déplacer, il demandera, après le repas de midi, à Frère Filippo, qui faisait office de portier, de l'accompagner à la *Cappellina*[1].

Dans la grande église du couvent, un des autels latéraux était consacré à l'Immaculée Conception, avec une statue de Notre-Dame de Lourdes placée sur l'autel. Padre Giacomo, attaché à Notre-Dame de Lourdes depuis longtemps, on l'a vu, fut heureux de la retrouver à Udine. C'était l'autel le plus proche du confessionnal. Padre Giacomo prit l'habitude d'y célébrer la messe tous les matins et, entre deux confessions, il aimait à prier devant cet autel. Dans sa cellule, il avait aussi une petite statue de Notre-Dame de Lourdes, devant laquelle il plaçait les fleurs que des pénitents lui offraient parfois.

Le père Zaccaria de San Mauro, qui l'a bien connu à différentes périodes de sa vie, témoignera aussi que « lui qui était plutôt réticent à prendre part aux conversations, devenait subitement loquace quand la conversation portait sur Dieu, sur la Madone ou sur les sujets spirituels en général[2] ».

« Il n'y a rien à faire »

Dans la maladie dont était atteint Padre Giacomo, les périodes d'apparent répit alternaient avec des phases où les souffrances étaient plus grandes et multiples. Pour le médecin du couvent, le docteur Leopoldo Peratoner, ce nouveau religieux était difficile à soigner. Non qu'il se montrât impatient ou rebelle aux soins – tout au contraire il ne se départait pas de son sourire –, mais la

1. Déposition publiée dans *Positio*, p. 74.
2. Déposition publiée dans *Positio*, p. 117.

maladie était difficile à cerner et à soigner. Le docteur Peratoner connaissait le diagnostic posé à Venise par le professeur Spanio – encéphalite léthargique –, mais au bout de quelques mois il jugea nécessaire d'envoyer Padre Giacomo consulter un spécialiste de neurologie, le docteur Giovanni Battista Calligaris. Professeur de neuropathologie à l'université de Rome et directeur d'un centre de soins à Udine, c'est dans cette ville que, le 29 septembre 1932, il examina le religieux et l'interrogea. Puis il rédigea à l'intention de son confrère une lettre dans lequel il posait un diagnostic : « Je constate que ce père est atteint de parkinsonisme post-encéphalitique. Le pronostic est mauvais, parce que la maladie empirera progressivement et fatalement, mettant le patient hors de combat en quelques années[3]. »

Le professeur Calligaris jugeait que l'encéphalite léthargique avait évolué vers une forme de la maladie de Parkinson. Tous les témoins de la vie de Padre Giacomo l'attestent, il ne fut pas de façon continue sujet aux tremblements caractéristiques de cette maladie ; en revanche il en eut d'autres symptômes : l'atrophie des muscles et une sorte de paralysie du visage qui le rendait immobile et apparemment insensible aux émotions.

Le professeur Calligaris avait prescrit aussi un traitement, mais sans y placer beaucoup d'espoir : « *Nil agendum* [il n'y a rien à faire]. Il existe un seul médicament qui peut apporter un peu de soulagement, c'est la scopolamine. Trois pilules par jour pendant 12 jours, arrêter 3 jours puis recommencer (une à 8 heures, une à 11 heures, une à 15 ou 16 heures). » La scopolamine est un alcaloïde qui a des effets sédatifs puissants, mais elle

3. Lettre manuscrite reproduite dans *Positio*, p. 404.

peut être dangereuse, avec des effets hallucinatoires, si les doses sont dépassées.

Le professeur Calligaris avait cru nécessaire d'ajouter un post-scriptum : « Prévenez le Père Supérieur des dispositions qu'il conviendra de prendre au sujet de ce malheureux. »

Ce diagnostic fut posé un 29 septembre, neuf ans jour pour jour après que Padre Giacomo a fait sa première profession religieuse. Le pronostic était pessimiste, pourtant Padre Giacomo vivra encore seize années. De son côté, il vécut ces années dans la confiance. À ceux qui s'inquiétaient de son état de santé dégradé ou qui se précipitaient à son secours lorsqu'il chutait ou trébuchait, il avait l'habitude de dire : « Ne vous inquiétez pas ! Je suis sous la protection de notre mère du ciel. »

Les Pères Gardiens successifs du couvent d'Udine seront toujours très attentifs à la santé de Padre Giacomo, chercheront des traitements efficaces et des centres de soins spécialisés, et, dans les dernières années, le dispenseront de certaines observances pour rendre sa vie religieuse moins austère. Il acceptera ces dispenses avec humilité, et refusera parfois d'en bénéficier pour être fidèle le plus possible aux observances de la vie religieuse.

Vie en communauté

Padre Giacomo était très reconnaissant des services qu'on pouvait lui rendre, des secours qu'on devra lui porter de plus en plus fréquemment au fur et à mesure que la maladie progressera. Il cherchait en même temps à être un religieux exemplaire, fidèle à l'esprit de saint François et aux constitutions et ordonnances de son ordre. Les *Constitutions* exhortent les pères et les frères à être « fidèles à leur obligation de tendre à la perfection » et attachés à « l'observance des pieux usages et des louables coutumes même les plus humbles, sinon l'observance des points plus importants sera plus difficile[4] ». Le but étant de « cultiver par-dessus tout les choses spirituelles ».

Le père Zaccaria de San Mauro témoignera : « Il ne poursuivait pas de buts ou d'aspirations qui ne se rapportaient pas directement à Dieu. Tous ses idéaux convergeaient vers Dieu. Il voulait réussir à être un digne fils de saint François, il désirait ardemment avant tout être un digne prêtre du Christ, pour avoir le privilège de pouvoir offrir chaque jour le sacrifice eucharistique et par le désir intense de pouvoir se consacrer comme prêtre au bien des âmes[5]. » Le père Angelo de Golese, qui a vécu plusieurs années au couvent d'Udine avec lui, dira lors du procès de béatification : « Il me semble que Padre Giacomo était la pleine et parfaite incarnation de la parole du Christ : "Si vous ne devenez pas comme des enfants, vous n'entrerez pas dans le Royaume des cieux". Pendant les six années de vie en communauté avec lui, j'ai pu constater sa simplicité, sa bonté, son humilité, sa pureté et son service du prochain pour le salut des âmes[6]. »

La vie en communauté capucine était, à l'époque de Padre Giacomo, une vie organisée hiérarchiquement, sous l'autorité d'un Gardien, élu pour trois ans, auquel tous les pères et les frères « sont obligés d'obéir » ; une vie fondée sur l'exemplarité – les supérieurs « doivent être les guides et les modèles des frères par leurs exemples plus encore que par leurs paroles » – et « la charité fraternelle[7] ». Au témoignage du père Zaccaria de San Mauro, Padre Giacomo « se montrait toujours particulièrement délicat et sensible

4. *Constitutions*, Appendice I, *op. cit.*, p. 133.
5. *Positio*, p. 117-118.
6. *Ibid.*, p. 84.
7. *Constitutions*, § 123, 131 et 108.

à pratiquer la charité dans la vie communautaire. Il aimait tous ses confrères avec sincérité et envers tous il montrait la plus grande estime et le plus grand respect. Avec tous il se montrait délicatement attentif, aimable, souriant. Je n'ai jamais noté de sa part de moments d'impatience et d'agacement envers quiconque, jamais de sa part un geste ou une parole qui aurait pu blesser. Il était particulièrement attentif aux besoins de ses confrères, toujours heureux quand il pouvait leur rendre quelque service, par exemple remplacer quelqu'un dans son travail ou l'aider[8]. »

Les *Constitutions* demandent aux religieux de se garder « de toute détraction et de tout murmure contre qui que ce soit, surtout contre les supérieurs ecclésiastiques, le clergé et les autres religieux » (§ 204). Padre Giacomo fut fidèle à cette prescription. Dans sa déposition, le père Zaccaria, déjà cité, attestera qu'« il ne supportait pas qu'on dise du mal de quelqu'un ou qu'on rapporte des médisances. Quand en récréation la conversation prenait cette direction, il essayait aimablement de faire changer de sujet et s'il n'y arrivait pas, il s'écartait peu à peu du groupe sans se faire remarquer et s'éloignait discrètement. C'est ce que j'ai pu observer plus d'une fois et, je crois, d'autres aussi[9] ».

Père Ermacora de Premariacco, qui fut Gardien du couvent d'Udine de 1945 à 1948, donnera un témoignage similaire : « Je ne me rappelle pas l'avoir jamais entendu critiquer les autres et s'il se retrouvait parfois dans un groupe où l'on émettait des critiques, au bout d'un moment, lentement, silencieusement, il s'en éloignait[10]. »

---

8. *Positio*, p. 120.
9. *Ibid.*
10. *Ibid.*, p. 79.

Un autre père encore soulignera son humilité : « Dans les discussions en communauté, il se gardait de s'imposer et de se mettre en avant, et aussi de porter un jugement[11]. »

Le « traitement bulgare »

En 1934, par l'intermédiaire du père Mauro de Leonessa, qui était aumônier du Policlinico Umberto I, un grand hôpital de Rome, le Gardien du couvent d'Udine eut connaissance d'un nouveau traitement contre l'encéphalite qui avait été expérimenté par un médecin de l'établissement, le docteur Ugo Bani[12]. Ce traitement sera appelé communément la *cura bulgara* (le traitement bulgare) parce qu'il avait été mis au point par l'herboriste bulgare Ivan Raeff en 1922[13]. Il était à base d'extrait hydroalcoolique de belladone, associée à d'autres plantes, notamment de la menthe, du camphre, du calamus, de la cannelle et de la rhubarbe. À cette préparation, à boire à la cuillère plusieurs fois par jour, étaient associés un régime végétarien, des massages physiothérapiques et des exercices de gymnastique.

Un pavillon du Policlinico fut ouvert en mai 1934 sous le nom de *Reparto Regina Elena per la cura degli encefalitica*, (« Service de la reine Hélène pour le soin des encéphalitiques »). Il était placé sous le patronage de la reine Elena, épouse du roi d'Italie Victor-Emmanuel III, parce qu'elle avait un proche atteint de cette maladie et

11. Déposition du P. Basilio de Montecchio, publiée dans *Positio*, p. 100.

12. Lettre du P. Mauro de Leonessa au P. Faustino de Santa Bona, Gardien d'Udine, le 4 juillet 1934, publiée dans *Positio*, p. 408.

13. Paolo Mazzarello, *L'erba della regina. Storia di un decotto miracoloso*, Bollati Boringhieri, Turin, 2013.

qu'elle financerait tout le fonctionnement du pavillon[14]. Le département était dirigé par le docteur Panegrossi.

Les supérieurs de Padre Giacomo et Padre Giacomo lui-même souhaitaient que ce traitement puisse être suivi à Udine. Le docteur Panegrossi les adressa à un médecin de la ville, le docteur Lodovico Castellani, avec lequel il était en relations et qui était spécialiste des maladies rhumatismales. Le 9 juillet 1934, le père Faustino de Santa Bona, Gardien du couvent d'Udine, accompagna Padre Giacomo chez le docteur Castellani. Celui-ci examina et interrogea le religieux et ne put que confirmer le diagnostic d'« encéphalite léthargique[15] ». Il accepta de lui faire suivre le « traitement bulgare ». Mais, pour la première fois, il faudrait que Padre Giacomo reste au centre de soins pendant huit jours.

Padre Giacomo se rendit au centre de soins le 8 novembre 1934 et il y resta jusqu'au 14. Les résultats furent d'abord décevants. Bientôt le père Faustino écrivait au Provincial : « Padre Giacomo est revenu du centre de soins. Il est impossible de constater une amélioration, parce que, au dire du médecin, la guérison sera très lente et le traitement très long. » Un mois plus tard, il constatait encore : « Padre Giacomo continue à se traîner. »

Mais le docteur Castellani continuait à suivre de près Padre Giacomo et à préparer régulièrement le traitement que le religieux prenait désormais dans sa cellule. En avril 1935, le père Faustino pouvait enfin donner de meilleures nouvelles au Provincial : « Le traitement bulgare a été vraiment miraculeux pour Padre Giacomo qui maintenant marche droit, parle aisément, ne tremble

14. Vera Fusco, *Policlinico Umberto I di Roma. Reparto Regina Elena*, Azienda Unità Sanitaria locale/Museo Laboratorio della Mente, Rome, s.d., [en ligne].

15. Certificat en date du 9 juillet 1934, publié dans *Positio*, p. 405.

plus. La jambe droite traîne encore un peu… Mais le traitement sera long; nous avons écrit en Bulgarie pour les médicaments » (16 avril 1935).

Confesseur

Pendant les dix-sept années qu'il passa au couvent d'Udine, la confession et la direction spirituelle furent son seul ministère. Ses déficiences physiques l'empêchaient de s'adonner à des apostolats plus actifs ou d'être un prédicateur. Il sut trouver dans cette limite une porte ouverte sur les âmes, en écho à la péricope de saint Paul : « Ce qu'y a de faible dans le monde, voilà ce que Dieu a choisi pour confondre ce qui est fort » (1 Co 1,27).

Il devint inlassablement un dispensateur de la miséricorde divine et un conseiller spirituel attentif aux besoins de ceux qui venaient lui confier leurs péchés, leurs misères et leurs doutes. Celui qui fut son avant-dernier supérieur au couvent d'Udine relèvera : « Il n'était pas d'une intelligence vive, peut-être même médiocre, mais au confessionnal, il le reconnaissait lui-même, il sentait une force inconnue qui lui suggérait les recommandations les plus indiquées à faire[16]. »

Un ingénieur, Giovanni Mantovani, qui fut son pénitent de 1933 à 1948, témoignera : « Pendant une quinzaine d'années j'ai trouvé en lui un confesseur compréhensif, affectueux et patient, le bon religieux qui réconforte et soulage avec simplicité, persuasion et sérénité, […] un homme serein, de peu de paroles, pesées, répondant aux cas. Ceux qui s'étaient éloignés étaient relevés et encouragés. Je note particulièrement sa disponibilité et

16. Déposition du P. Ermacora de Premariacco, publiée dans *Positio,* p. 79.

sa promptitude à exercer son ministère, à recevoir les pénitents. Dans la confession il se comportait avec une grande délicatesse et humilité. Il se faisait serviteur de la miséricorde de Dieu[17]. »

Un prêtre d'Udine, Mgr Vale, qui eut Padre Giacomo comme confesseur et directeur spirituel jusqu'à la fin de sa vie, témoignera qu'à plusieurs reprises des fidèles qui ne s'étaient pas confessés depuis longtemps lui ont parlé de leur confession auprès de Padre Giacomo comme d'une expérience « extraordinaire ». Ils avaient été touchés « aussi bien par sa compréhension, que par son immense miséricorde[18] ». Comello Egisto, qui fut sacristain du couvent de 1928 à 1940, dira, lui, au procès de béatification : « J'ai remarqué plusieurs fois que des pénitents sortaient de son confessionnal avec le sourire ou avec des larmes de joie[19]. »

Le ministère de la confession exige, sans doute, des qualités particulières : hormis la discrétion (qui est un devoir absolu de respecter le secret de la confession), il faut à la fois une grande faculté d'écoute, une compréhension de l'âme humaine et une connaissance approfondie de la doctrine de l'Église dans le domaine moral. Le père Fabio da Santa Maria, qui a connu Padre Giacomo dès l'époque de Vérone, et qui l'aura comme confesseur pendant quelques années, témoignera : « Je peux affirmer qu'il connaissait profondément la théologie morale, sujet sur lequel il se tenait à jour. Avec les pénitents il n'usait pas de beaucoup de paroles, mais réfléchies, capables de donner la lumière et la paix[20]. »

17. *Positio*, p. 109.
18. *Ibid.*, p. 29.
19. *Ibid.*, p. 279.
20. *Ibid.*, p. 44.

Un autre de ses pénitents, Mario Pettoelo, qui était avocat, dira que Padre Giacomo savait donner les conseils et les solutions adéquates : « La profession d'avocat, pour celui qui veut faire passer la loi de Dieu avant celle des hommes, offre souvent des cas de conscience. Je peux assurer que chaque fois que je me suis trouvé perplexe et que je me suis adressé à Padre Giacomo, je l'ai trouvé toujours apte à résoudre promptement tout problème et à prononcer un conseil aussi bien qu'à proférer une parole de réconfort[21]. »

Comme le dira le père Fernando de Riese Pie X, le premier capucin qui ait écrit sur son confrère, « le confessionnal n'est pas un bureau avec un horaire strict et une salle d'attente, mais un dispensaire dont la porte est toujours ouverte ».

« *Cammine bene* »

Ce religieux, physiquement de plus en plus diminué, infirme, ne vivait pas en reclus. Le ministère du confessionnal le mettait en relation avec quantité de personnes de tout âge et de toute condition. Il était attentif en particulier aux enfants et aux jeunes gens qui ont moins besoin de sévérité, disait-il, que d'être guidés sur le chemin de la vie.

Le frère Accursio de Castions di Strada témoignera : « Il aimait les jeunes gens, voulait leur bien. Quelquefois, quand il le pouvait, il s'entretenait avec eux dans une cordiale et joyeuse conversation. » Lui-même lui doit beaucoup. Jeune homme, il vécut d'abord au couvent d'Udine comme laïc, simplement employé au jardin.

21. René Fauga, « Le P. Jacques de Balduina prêtre et victime », dans *La Vierge des Pauvres*, n° 89, juillet-août 1971, p. 14.

Pendant deux ans, de 1932 à 1934, il servit la messe de Padre Giacomo tous les matins. Il se souviendra : « Avec moi, il a toujours été d'une grande patience et charitable. Presque tous les jours je me confessais à lui, il se montrait toujours accueillant, il n'a jamais eu de parole désagréable ou un geste d'agacement. » Les conversations qu'il eut avec lui l'éclairèrent sur sa vocation. En 1934, il quittera Udine pour devenir frère et commencer son noviciat : « Je dois beaucoup à Padre Giacomo pour ce qui est de ma vocation. Il m'a toujours soutenu et aidé, malgré mes défauts, mon caractère très impulsif qui me faisait avoir de mauvaises attitudes. Le père était d'une sincérité évangélique, quand les choses allaient bien il disait : *cammine bene* [marche bien] ; et quand ça n'allait pas il le disait aussi avec une grande charité[22]. »

L'expression citée par Frère Accursio est bien caractéristique de la manière simple, directe et brève, mais chaleureuse, avec laquelle Padre Giacomo s'adressait à ses jeunes pénitents pour les encourager. Au fil des dépositions recueillies lors du procès de béatification, on relève nombre d'expressions similaires que les témoins ont gardées en mémoire : « Courage, Dieu te veut du bien », « N'oublie pas de prier la Madone, elle verra ce qu'il faut faire », « Allons de l'avant ! Courage ! Gardons la foi ! » Quand il voyait quelque progrès dans les âmes des jeunes gens qui venaient se confier à lui, il encourageait à continuer : « *Camminiamo bene ! Andiamo bene !* [Marchons bien ! Allons bien !] »

Lui qui avait l'innocence de la colombe, sur les sujets délicats qui peuvent les tourmenter il savait éclairer avec tact les adolescents et les jeunes gens. Le frère Umberto de Capodistria, qui faisait ses études de théologie à Udine

22. *Positio*, p. 65-69.

en 1938-1939 et se confessait fréquemment à Padre Giacomo, témoignera : « Je trouvais en lui une grande aide dans les problèmes des jeunes, particulièrement ceux relatifs à la sexualité : il suggérait des solutions avec une grande sérénité, en se rapportant souvent aux principes de la théologie morale qui était alors l'objet de notre étude[23]. »

Mgr Leandro Comelli, qui fut pénitent de Padre Giacomo à partir de 1939 et jusqu'à sa mort, témoignera que dans le ministère de la confession, il exprimait une « foi simple, ancrée dans la Sainte Écriture, et aussi à quelque exemple de saint », mais il ne faisait pas preuve d'une « largesse excessive », c'est-à-dire qu'il considérait que même les fautes moins graves devaient être corrigées.

Un de ses premiers pénitents, Giorgio Virgolino, qui était encore enfant lorsqu'il commença à se confesser à Padre Giacomo, se souviendra aussi : « Il m'apprit beaucoup de choses. La première de toutes fut de prier la sainte mère de Jésus, avec laquelle il semblait parler quand il l'implorait, ce que confirmait son visage qui en était tout absorbé. Il me recommanda dès mon enfance d'avoir toujours le chapelet en poche, affirmant qu'il préservait de tout mal. J'ai encore sur moi le chapelet aux grains noirs qu'il m'a donné, et il m'est si précieux que je ne le donnerai pour rien au monde[24]. »

Il incitait les jeunes gens qui venaient se confesser à lui à avoir une vue surnaturelle de l'existence. Mario Sella Savio, qui fut dès sa jeunesse son pénitent avant de devenir avocat, témoignera : « Je ne l'ai jamais vu mélancolique ou découragé, parce qu'il avait pleine confiance dans la providence divine; une espérance qui se référait à l'au-delà. En effet il me disait que si on se comporte

---

23. *Ibid.*, p. 193.
24. Cité dans *Appelé par Notre-Dame à Lourdes*, *op. cit.*, p. 55.

bien en cette vie on ne peut pas ne pas être récompensé dans l'au-delà. Il transmettait et alimentait dans les âmes la vertu d'espérance. »

Néanmoins, dans la direction spirituelle, il pouvait parfois se montrer sévère, comme en témoigne cette lettre adressée à un autre de ses jeunes dirigés spirituels :

> Martino, tu ne m'aimes plus. Toute la peine que je me suis donnée pour toi, l'a peut-être été en pure perte. Moi qui m'étais proposé de faire de toi un bon et fervent chrétien, je crains que tout cela n'ait été qu'une utopie et une illusion. Celui qui t'aimait et t'aime encore plus qu'un fils, tu l'as abandonné pour suivre des amis qui t'ont détruit et te perdront en t'entraînant vers les plaisirs et les divertissements. Continue donc à fréquenter de tels amis, mais n'oublie pas qu'un jour viendra où tu le regretteras amèrement, mais alors sera-t-il peut-être trop tard. Les conseils reçus du pauvre Padre Giacomo et sa compassion à ton égard te reviendront en mémoire.
> Pardonne-moi si ces quelques lignes t'exaspèrent, pardonne-moi encore et toujours, mais je les ai écrites parce que je t'aime encore profondément et pour que, tant qu'il est encore temps, tu puisses y remédier. Mon appel demeurera peut-être vain, et il ne me restera plus alors qu'à pleurer et à prier pour toi.
> Crois-moi, mon cher Martino, j'ai peut-être eu trop d'affection pour toi, et c'est pour cela que le Seigneur l'a permis, afin que je me détache totalement des créatures. Le Dieu tout-puissant veut peut-être de moi ce sacrifice, afin que je me prépare à l'éternité bienheureuse. J'offre bien volontiers ce sacrifice à Dieu, non seulement par amour pour lui, mais également en expiation de mes nombreux péchés.

Il achevait sa lettre par une prière : « Seigneur, les créatures que j'ai aimées par amour pour vous m'ont abandonné, mais mon bonheur n'en est pas changé parce que vous seul, Seigneur, ne m'abandonnerez pas, et j'espère, avec votre grâce, ne jamais vous abandonner[25]. »

Le jeune homme qui reçut cette lettre, Martino Scovacricchi, connaissait Padre Giacomo depuis l'âge de 11 ans. Il restera en liens avec lui jusqu'à sa mort, continuant à recevoir ses conseils et son soutien. Padre Giacomo ne se contentait pas de soulager les âmes, il se préoccupait aussi de l'avenir des jeunes gens qu'il dirigeait. Giuseppe Zillio, qui fut directeur adjoint de la Banque du Frioul de 1935 à 1962 et qui fut un des pénitents de Padre Giacomo, se souviendra qu'à plusieurs reprises il embaucha à sa demande de jeunes hommes qu'il lui avait recommandés[26].

Confesseur dans les séminaires

À partir de l'année scolaire 1934-1935, chaque mercredi après-midi, Padre Giacomo se rendit au grand séminaire voisin pour entendre les confessions. Il attendait ses pénitents dans une petite pièce où était installé un confessionnal. Parfois aussi il fut appelé comme confesseur exceptionnel au petit séminaire de Castellerio, à quelques kilomètres d'Udine, où on le conduisait en voiture. Il fut confesseur aussi, de manière occasionnelle, chez les Sœurs de la Providence et les Sœurs du Sacré-Cœur, deux couvents situés dans la même rue que celui des Capucins.

---

25. Lettre, sans date, publiée dans *Appelé par Notre-Dame à Lourdes*, *op. cit.*, p. 41-42.

26. *La Banca del Friuli alle soglie del primo secolo di vita*, Banca del Friuli, Udine, 1967, p. 159 et p. 217 et *Positio*, p. 28.

Don Ugo Modotti, qui fit office de sacristain au grand séminaire à partir de 1938, témoignera qu'il se montrait très ponctuel, « quel que soit le temps (bon, mauvais, froid ou chaud) ». « Même dans la période la plus froide de l'hiver, il restait des heures au confessionnal, se privant de chauffage, sans jamais se plaindre », refusant toujours la collation qu'on lui proposait[27]. Comme confesseur, il se montrait « toujours délicat et prudent ».

Un autre de ses pénitents, Don Giovanni Buzzi, témoignera que, dans cette même période, il se disait parmi les séminaristes que « ceux qui profiteraient le mieux de son ministère sont ceux qui ont commis les fautes les plus graves[28] ». Mais dans les faits il n'en était pas ainsi, tous pouvaient tirer profit de ses « conseils pratiques » et il donnait comme pénitence habituelle la récitation de trois *Ave Maria*.

Antonio Elia, qui se confessait à lui tous les mercredis après-midi – et qui célèbrera sa première messe la semaine où Padre Giacomo mourut – témoignera au procès de béatification : « Me confessant à lui j'ai expérimenté un accueil fait avec les yeux, un regard vif qui semblait dire : “Raconte-moi tout”. Il écoutait avec une attention presque naïve et ainsi encourageait à parler. Il n'ajoutait pas de parole après l'aveu, il se limitait à donner une petite prière de pénitence, donnait l'absolution et accompagnait du regard jusqu'à la sortie du confessionnal. On sortait content de son confessionnal[29]. »

---

27. *Positio*, p. 26.
28. *Ibid.*, p. 39.
29. *Ibid.*, p. 282.

Confesseur de prêtres

Confesseur habituel des séminaristes d'Udine pendant les années 1930 et jusqu'à la guerre, Padre Giacomo fut encore davantage le confesseur de nombreux prêtres. Le père Zaccaria da San Mauro, Provincial de Venise à partir de 1951, témoignera : « Son confessionnal était, à toutes les heures de la journée, assailli de pénitents, en grande partie des prêtres diocésains et religieux : il était le confesseur ordinaire des deux tiers, au moins, du clergé d'Udine[30]. »

On dira que l'archevêque d'Udine lui envoyait les cas les plus difficiles – « certains prêtres qui avaient besoin d'être repris[31] » –, sans doute parce qu'il savait que l'humble capucin avait un idéal élevé du sacerdoce. Le père Zaccaria, déjà cité, dira que « sa foi le portait à avoir une conception très élevée du sacerdoce et c'est pour cela qu'il aimait et vénérait de façon particulière les prêtres qu'il voulait tous saints, tous à la hauteur de leurs devoirs et de leur dignité ».

En même temps, Padre Giacomo avait l'art d'approcher en douceur l'âme des prêtres, qu'il n'accueillait pas en juge sévère, mais en frère dans le sacerdoce et dans le Christ. Don Riccardo Micolini, qui s'est confessé à lui de 1940 à 1948, dira qu'il se montrait d'une grande disponibilité pour les prêtres qui venaient se confesser à lui, « avec une action encourageante et libérante pour le pénitent ». Il leur faisait tout de suite comprendre qu'en entrant au confessionnal ils s'engageaient dans « un rapport qui se situait au-delà des personnes », qu'ils appartenaient au Christ et

---

30. Lettre du P. Zaccaria de San Mauro au P. Nicolas Toth, le 10 octobre 1952, publiée dans *Positio*, p. 458.

31. Déposition de don Giuseppe Barbarotto, qui fut son pénitent, *Positio*, p. 207.

qu'« en conséquence ils devaient se sentir libres et à l'aise face au confesseur et au mystère [de la confession[32]] ».

Le confessionnal de Padre Giacomo n'accueillait pas seulement des prêtres d'Udine et de ses environs. Nombre des prêtres venus des vallées de la Carnia, le massif montagneux au nord-ouest du diocèse, ou des campagnes du Frioul, pour quelque visite à l'archevêché ou dans les services administratifs de la province, se rendaient à l'église des Capucins pour s'y confesser à Padre Giacomo. Le frère Filippo, qui était portier du couvent, compta un jeudi matin jusqu'à cinquante-deux prêtres venus se confesser, « sans compter ceux qui entraient au couvent en passant par l'église. À la fin de la matinée, il m'a appelé pour que je l'aide à se lever de son siège où il était resté bloqué pendant tant d'heures[33] ».

Parmi les jeunes prêtres qui se confessaient à lui, certains sont devenus évêques et ont dit leur gratitude pour les grâces reçues au confessionnal de Padre Giacomo. Mgr Emilio Pizzoni expliquera sa méthode : après l'accusation de soi que faisait le pénitent, Padre Giacomo posait « deux ou trois questions qui étaient comme des flèches qui touchaient le fond de l'âme qui en restait éclairée[34] ». Puis il donnait toujours comme pénitence « des prières et des actes d'amour à la Madone » et il « restait toujours devant le tabernacle, dans les intervalles du confessionnal ». Mgr Abramo Freschi, lui, se souviendra que Padre Giacomo dans son ministère de confesseur « usait de peu de paroles, mais sereines et encourageantes. Ceux qui l'approchaient repartaient avec la sérénité dans le cœur et la volonté de faire le bien[35] ».

32. *Positio*, p. 141-142.
33. *Ibid.*, p. 72.
34. *Ibid.*, p. 24.
35. *Ibid.*, p. 163.

Un troisième évêque, Mgr Cicuttini, ordonné prêtre en 1933 – il sera nommé évêque auxiliaire d'Udine vingt ans plus tard – se souviendra : « Il m'a toujours accueilli avec un cœur de père (toujours je suis reparti réconforté). Il disait peu de mots, mais son visage souriant et sa bonté paternelle étaient tels qu'ils laissaient dans le cœur un céleste réconfort[36]. »

Padre Giacomo aimait confesser les prêtres parce que cela correspondait aussi à sa vocation secrète : s'offrir en victime pour les prêtres. En 1923, on l'a vu, au séminaire de Thiene, il en avait fait la confidence à l'un de ses condisciples, Zaccaria de San Mauro. Une dizaine d'années plus tard, il en fera à nouveau la confidence à un jeune élève du petit séminaire de Castellerio, Corrado Peronio. Celui-ci était atteint d'une synovite grave que les médecins n'arrivaient pas à soigner. Il était obligé de se déplacer avec des béquilles et il craignait qu'on lui refuse d'entrer au grand séminaire. Après s'être confessé à Padre Giacomo, les larmes aux yeux, il lui confia sa peine et son angoisse. Padre Giacomo le rassura : « Ne crains rien. Tu verras que ta santé se rétablira[37]. » Et il ajouta en confidence : « Moi, en revanche, je ne peux rien attendre de mieux. Je me suis offert en victime à Dieu pour la sanctification des prêtres, et Dieu a accepté l'offrande. » Corrado Peronio, finalement, pourra entrer au grand séminaire et sera ordonné prêtre malgré son handicap. On relève, pour la deuxième fois de la part de Padre Giacomo, la confidence d'une oblation de soi et de ses souffrances « pour la sanctification des prêtres ». Cette attitude spirituelle fait écho à saint Paul : « Je trouve ma joie dans les souffrances

36. *Ibid.*, p. 245.

37. Mariano d'Alatri (dir.), *Santi e santità nell'Ordine cappuccino*, *op. cit.*, p. 222.

que j'endure pour vous, et je complète ce qui manque aux tribulations du Christ en ma chair pour son Corps, qui est l'Église » (Col 1,24).

Mgr Giuseppe Della Marina, prêtre d'Udine, qui s'est confessé à lui à partir de 1938, dira que son esprit de foi se manifestait « plus que dans ses paroles, dans son attitude de patience, de compréhension et d'encouragement[38] ». Don Aurelio Totolo, qui fut son pénitent de 1938 à 1945, dira qu'« il se gardait de trop interroger, mais il faisait preuve de pénétration dans les diverses problématiques, sachant répondre brièvement et avec fruit. Sa charité envers le pénitent se manifestait dans sa douceur et son calme ; il laissait parler, répondait aux questions et manifestait un amour surnaturel envers le pénitent[39] ».

La brièveté de ses paroles était une des caractéristiques de sa façon de confesser. Frère Filippo témoignera : « Ordinairement, lorsqu'il confessait, Padre Giacomo usait de peu de paroles, mais bien appropriées aux besoins de chaque pénitent. Plus d'un prêtre m'a dit que Padre Giacomo savait bien mettre le doigt sur la plaie pour la guérir[40]. »

« Je me suis souvent confessé à Padre Giacomo, dira un autre prêtre, et chaque fois j'ai eu la très nette impression qu'il était un saint. Il disait peu de mots, parfois même un seul, mais ce mot seul suffisait à me faire entrevoir en lui une âme supérieure, exceptionnelle. Je n'ai entendu d'aucun autre confesseur, parmi ceux que j'ai rencontrés, de telles paroles[41]. » Témoignage identique de Don Plinio Freschi, prêtre d'Udine, qui s'est confessé

38. *Positio*, p. 20.

39. *Ibid.*, p. 37.

40. *Ibid.*, p. 221.

41. Témoignage de Don Giuseppe De Colle, cité dans *Appelé par Notre-Dame à Lourdes*, *op. cit.*, p. 37-38.

à lui à partir de 1938 : « À chaque fois qu'on lui demandait des conseils, il répondait avec de brèves paroles, mais claires et satisfaisantes[42]. »

Quand il était confronté à des situations particulièrement difficiles, il interrogeait, sans dévoiler l'identité de son pénitent, tel ou tel religieux du couvent. Le père Venanzio de Chioggia, qui fut professeur de morale pour les étudiants capucins du couvent d'Udine de 1938 à 1941, se souviendra que Padre Giacomo le consultait parfois sur ces cas de morale qu'il rencontrait dans le ministère de la confession[43].

De façon habituelle, Padre Giacomo n'était pas un confesseur sévère. Les pénitences qu'il infligeait avant l'absolution étaient, généralement, légères. Mgr Giorgio Vale, qui fut son pénitent de 1942 à 1948, indiquera lors du procès de béatification que la pénitence sacramentelle qu'il donnait habituellement était un *Salve Regina*; aux prêtres il recommandait aussi de faire la *riparazione* et il refusait d'imposer des sacrifices extraordinaires à ceux qui le lui demandaient[44]. La « *riparazione* » dont il est question ici est l'*Acte de réparation au Sacré-Cœur* que Pie XI a rédigé et recommandé dans l'encyclique *Miserentissimus Redemptor* (8 mai 1928).

Un laïc, qui habitait face au couvent, et qui se confessa à Padre Giacomo dès son enfance, témoignera lui aussi de la mansuétude du confesseur : « Je me souviens comment il se comportait avec moi dans la confession : en peu de paroles il caractérisait ma situation spirituelle et brièvement il donnait son conseil; en général il suggérait une modeste pénitence, le plus souvent une prière

42. *Positio*, p. 22.
43. *Ibid.*, p. 172.
44. *Ibid.*, p. 28.

à la Vierge Marie[45]. » Certains pénitents sortaient de son confessionnal « très émus (*commossi*) » témoignera Frère Pietro de Ravosa qui a vécu au couvent de 1938 à 1944[46].

Le père Ermacora de Premariacco, qui fut du couvent d'Udine à partir de 1945, témoignera que le confessionnal « était recherché par tous, et spécialement les prêtres [...]. Il avait pour eux un tact tout particulier, il était comme le jardinier qui cultive les fleurs les plus délicates de son jardin avec les soins les plus attentifs[47] ».

Castelmonte

C'est grâce à un fidèle que Padre Giacomo va faire un pèlerinage à la Madone de Castelmonte. Francesco Vuga habitait à Cividale del Friuli, à une vingtaine de kilomètres d'Udine. En 1932, un de ses fils, Antonio, âgé de 8 ans, tomba gravement malade. Les médecins n'arrivaient pas à diagnostiquer exactement sa maladie. Sa température atteignit 42°. Son état semblait désespéré. Une amie de la famille leur conseilla d'aller au couvent des Capucins d'Udine et de faire bénir un vêtement de l'enfant pour qu'il guérisse. Francesco Vuga s'y rendit bien que ne connaissant pas de religieux au couvent. Il exposa la situation au sacristain, qui décida d'appeler Padre Giacomo. Celui-ci écouta attentivement le père lui raconter la maladie de son enfant. Il accepta de bénir le vêtement et une boîte de chocolats que Francesco Vuga avait apportés. Padre Giacomo, racontera Francesco Vuga, « revêtit une étole et commença les prières spéciales avec une grande effusion.

45. Témoignage de Tito Zilio, publié dans *Positio*, p. 96.

46. *Positio*, p. 87.

47. *Ibid.*, p. 79.

J'étais agenouillé près de lui et pendant qu'il priait je le regardais et je pleurais. Je sentais quelque chose de grand qui se passait en moi et ce sentiment me bouleversait profondément. La bénédiction achevée, il enleva l'étole et me dit : "Maintenant retourne chez toi, met aussitôt ce vêtement à ton petit et donne-lui un de ces chocolats bénis et tu verras que ton fils guérira[48]" ».

Rentré à Cividale, le père fit ce que Padre Giacomo lui avait dit et avec son épouse il récita le Rosaire, « dans l'attente que la divine providence nous exauce ». En quelques heures l'état de son fils s'améliora sensiblement, sa fièvre baissa. Dans l'après-midi il mangea avec plaisir quelques chocolats que Padre Giacomo avait bénis à son intention. Le soir, le médecin traitant, le professeur Accordini, constata une amélioration notable de l'état de santé du petit malade et une chute inexplicable de la fièvre. Peu de jours plus tard, Antonio, complètement guéri, courait dans le jardin.

Lorsque son père vint au couvent remercier Padre Giacomo, celui-ci répondit en citant la parole évangélique : « C'est ta foi qui l'a sauvé. » Ce n'était pas le pouvoir thaumaturgique du capucin qui avait guéri l'enfant, c'est la prière des parents et la prière de Padre Giacomo qui avaient obtenu de Dieu une grâce de guérison. Francesco Vuga devint un familier du couvent d'Udine et Padre Giacomo son confesseur habituel.

Francesco Vuga avait depuis longtemps une dévotion pour Notre-Dame de Castelmonte, dont le sanctuaire se trouve à quelques kilomètres de Cividale. Au sommet d'une colline, une chapelle dédiée à la Vierge Marie existe depuis le ve ou vi^e^ siècle[49]. Elle avait sans doute été

---

48. *Ibid.*, p. 239.

49. Gabriele Ingegneri, *Storia del Santuario di Castelmonte*, Edizioni La Madonna di Castelmonte, Castelmonte, 2002, p. 23.

édifiée par des fidèles de Cividale qui s'étaient réfugiés sur ces hauteurs pour fuir des invasions barbares. Au fil du temps, cette chapelle devint un sanctuaire où l'on venait en pèlerinage de loin, tandis que par sa position géographique la colline devenait un lieu stratégique où fut construit au XIIe siècle un château, qui engloba la chapelle dans son enceinte. D'où le nom de Castelmonte (« le château sur la montagne ») donné à l'endroit. En 1253, le sanctuaire fut placé sous l'autorité des chanoines du chapitre cathédral de Cividale qui y envoyait des chapelains pour assurer le culte, notamment lors des grandes fêtes. Après une incursion dévastatrice des Magyars en 1419 et un incendie en 1469, l'église fut reconstruite, avec dans la crypte une chapelle dédiée à saint Michel Archange. C'est de cette époque que date la statue en pierre qui est vénérée dans le sanctuaire, et qui remplaça la statue d'origine en bois détruite lors de l'incendie : une Vierge Marie assise avec l'Enfant Jésus sur ses genoux. On l'appelle *Madonna viva* parce que son visage est très expressif, rassurant et maternel. La niche, sur le maître-autel, qui abrite la statue, porte cette invocation : *Salus nostra o Maria in manu tuas est* (« Notre salut, ô Marie, est entre tes mains »). De très nombreux ex-voto conservés au sanctuaire depuis le XVIe siècle témoignent des grâces et des miracles attribués à l'intercession de la Madone de Castelmonte.

En 1913, Mgr Rossi, évêque de Cividale, confia le sanctuaire aux Capucins. Ils établirent un couvent à Castelmonte et dès lors accueillirent les pèlerins, assurant prédications, confessions, processions et cérémonies liturgiques[50]. Ils publièrent aussi, dès 1914, un bulletin

50. *100 anni dei Cappuccini a Castelmonte*, numéro spécial de *La Madonna di Castelmonte*, août-septembre 2013.

mensuel, *La Madonna di Castelmonte*, tiré à l'origine à 1 000 exemplaires et qui atteignit en 1933 un tirage de 38 000 exemplaires. Il diffusait dans divers pays, jusque chez les émigrés du Frioul en Amérique, la dévotion à Notre-Dame de Castelmonte, vénérée plus familièrement sous les noms de *la Castellana*, *la Signora* ou *la Madonna viva*. Les capucins surent attirer auprès de la Madonna de Castelmonte de plus en plus de pèlerins venus du Frioul et de l'actuelle Slovénie.

Padre Giacomo, qui ne s'était jamais rendu au sanctuaire, demanda un jour à Francesco Vuga de l'y conduire. Avec l'accord du Gardien du couvent, Padre Giacomo passa une journée au sanctuaire, qui est un des plus anciens sanctuaires marials d'Italie. Il fut sans doute sensible au visage expressif de la *Madonna viva* et plus que jamais il se confia à son efficace intercession.

Dans le sanctuaire, il a pu rencontrer aussi un autre saint confesseur capucin, le père Arcangelo de Rivai. Né en 1886, entré au petit séminaire capucin en 1901, ordonné prêtre en 1908, il avait été envoyé par ses supérieurs poursuivre des études de philosophie à l'Université grégorienne. Il fut ensuite professeur de théologie et de philosophie. Après la Première Guerre mondiale, ses supérieurs l'envoyèrent au couvent de Castelmonte. Il y restera jusqu'à sa mort, en 1953, exerçant pendant trente-quatre ans un ministère de confesseur qui attirait beaucoup de fidèles.

Dans le sanctuaire de Notre-Dame de Castelmonte, Padre Giacomo a pu chanter avec les pèlerins le chant traditionnel du pèlerinage. Il commence par des paroles de confiance :

> Pèlerins en liesse, à ton asile de piété
> Nous sommes venus, ô douce Mère, implorer ta bonté.

Un nouveau père Leopoldo

On a vu qu'en 1931, au couvent de Capodistria, Padre Giacomo s'était préparé avec sérieux à son ministère de confesseur, prenant pour modèle le père Leopoldo de Castelnuovo, le saint confesseur de Padoue. À Udine, dans les années 1930, la réputation de Padre Giacomo grandissant, la comparaison avec son confrère de Padoue se fit de plus en plus fréquente.

La comparaison fut faite d'abord par des religieux qui avaient eu comme confesseur le père Leopoldo avant d'avoir Padre Giacomo.

Ainsi, le père Cesario de Rovigo dira : « Entre ces deux confesseurs, je ne saurais lequel préférer, parce que j'ai vu en eux deux les ministres de la bonté de Dieu : doux, patients, miséricordieux ». Frère Barnaba de Nespoledo, qui avait passé plusieurs années dans le couvent de Padoue, avec le père Leopoldo, et qui lui avait servi la messe, fut affecté ensuite au couvent d'Udine. Il retrouva chez Padre Giacomo la même façon de célébrer la liturgie « avec la plus grande dévotion » : « Quand il célébrait la messe, il me semblait assister à la célébration du père Leopoldo que j'ai assisté pendant bien quatre années[51]. » Le père Fabio de Santa Maria témoignera lui aussi : « J'ai vécu pendant deux ans en communauté à Padoue avec le père Leopoldo Mandic, je crois que le père Giacomo menait une vie très similaire, avec une conduite identique[52]. »

Inversement, le frère Accursio de Castions di Strada a vécu à partir de 1932 avec Padre Giacomo à Udine, puis quelques années plus tard il a été envoyé dans le couvent de Padoue où il a connu le père Leopoldo : « J'ai constaté

51. *Positio*, p. 61.
52. *Ibid.*, p. 45.

immédiatement que les qualités du père Leopoldo étaient comme les qualités de Padre Giacomo et celles de Padre Giacomo comme celles du père Leopoldo[53]. »

Certains religieux, lors du procès de béatification de Padre Giacomo, sans nier les mérites et les grandes vertus du père Leopoldo, estimeront que Padre Giacomo avait été un confesseur plus apaisant. Le père Claudio de Stanghella, qui a vécu une année pendant ses études au couvent d'Udine, s'était confessé parfois au Padre Giacomo ; il avait passé auparavant trois ans au couvent de Padoue où il avait eu le père Leopoldo comme confesseur. Dans sa déposition il témoignera : « Je voyais Padre Giacomo pénétré de la présence de Dieu que j'avais notée aussi chez le père Leopoldo. » Mais, estimera-t-il, « mes confessions auprès de lui ont été pour moi plus gratifiantes que celles que j'avais faites auprès de père Leopoldo, pour la raison que Padre Giacomo se montrer jovial, serein, heureux, avec de brèves paroles incisives[54]. » Certains même ont jugé que la vie de Padre Giacomo avait été davantage édifiante. Père Ermanno de Merna, qui a vécu dans le couvent de Padoue avec le père Leopoldo dans les années 1935-1938, puis dans le couvent d'Udine avec Padre Giacomo dans les années 1938-1939, dira que ce dernier l'a « davantage impressionné par son humilité et ses souffrances[55] ».

La comparaison est un peu vaine. Lorsque le père Leopoldo mourut, le 30 juillet 1942, sa réputation de sainteté était déjà bien répandue. La presse catholique, à Padoue et dans toute la Vénétie, consacra pendant plusieurs jours de nombreux articles au « saint

53. *Ibid.*, p. 65.
54. *Ibid.*, p. 273.
55. *Ibid.*, p. 213.

confesseur ». Ses funérailles furent suivies par une foule immense : « De nombreuses personnes se montraient aux fenêtres au passage du cercueil et jetaient des fleurs ; d'autres s'agenouillaient ; ceux qui le pouvaient s'approchaient du cercueil et le touchaient religieusement en se signant[56]. » Le père Leopoldo sera béatifié par Paul VI en 1976 et canonisé par Jean-Paul II en 1983.

Au moment de la mort du père Leopoldo, le frère Filippo dira à Padre Giacomo : « Ce que l'on dit maintenant du père Leopoldo, un jour on le dira de vous. » Padre Giacomo lui répondit en riant et en dialecte frioulan : « *Va via, tu sei pazzo!* [Va-t'en, tu es fou[57] !] » Il n'a jamais cherché à imiter ou à égaler le père Leopoldo. Il a admiré l'assiduité du père Leopoldo au confessionnal et sa façon simple et miséricordieuse d'accueillir les pénitents. « Pourquoi, avait-il dit un jour, devrions-nous humilier davantage les âmes qui viennent se prosterner à nos pieds ? Ne le sont-elles pas déjà suffisamment ? Jésus a-t-il humilié le publicain, la femme adultère, Marie-Madeleine[58] ? »

Disponibilité

De 1932 jusqu'à sa mort, Padre Giacomo fut assidu à son confessionnal quasiment du matin au soir. Sa disponibilité était entière. Les portes du couvent étaient fermées tous les jours de 11 h 45 à 14 h 30, ce qui correspondait à l'office de sexte, à l'heure du repas et au temps de la sieste en usage dans tous les couvents capucins en Italie.

56. Pietro Eliseo Bernardi, *Léopold Mandic. Saint de la réconciliation*, Couvent des Capucins, Padoue, 1986, p. 366.

57. *Positio*, p. 74.

58. Cité par P.E. Bernardi, *Léopold Mandic*, op. cit., p. 244.

Même dans ces heures, il acceptait de se rendre au confessionnal si un fidèle se présentait à la porterie.

Il était prêt à confesser quiconque, à toute heure de la journée. Au frère Accursio, qui fit fonction de portier en 1932-1934, il disait : « Si quelqu'un vient, à quelque heure que ce soit, appelle-moi sans crainte, surtout s'il s'agit de prêtres qui ont tant d'occupations[59]. » Le père Basilio de Montecchio, qui est passé au couvent d'Udine en plusieurs circonstances, témoignera : « Durant le repas, selon ce que j'ai vu, à chaque fois que la clochette de la porterie retentissait, il se levait de table pour aller confesser le pénitent qui se présentait[60]. » Don Abramo Freschi, qui fut son pénitent à partir de 1937, et qui ensuite deviendra évêque, se souviendra lui aussi : « Il avertissait qu'on pouvait l'appeler même aux heures des repas [...]. Cela valait pour tous. Il n'a jamais manifesté de désagrément lorsqu'il était appelé pour la confession à des heures inhabituelles de la journée[61]. »

Néanmoins, dans les dernières années, le père Ermarcora de Premariacco, qui fut Gardien du couvent de 1945 à 1948, fut plus sévère dans le respect des règles et des horaires, et le repas ou la sieste de Padre Giacomo ne furent plus interrompus « qu'à de rares exceptions[62] ».

De façon habituelle, s'il n'avait plus de pénitent, et en attente du suivant, Padre Giacomo sortait du confessionnal et allait devant l'autel proche de Notre-Dame de Lourdes, pour prier aux intentions de ceux qui venaient de se confesser et pour se préparer pour ceux qui allaient se présenter.

59. *Positio*, p. 67.
60. *Ibid.*, p. 100.
61. *Ibid.*, p. 163.
62. *Ibid.*, p. 76.

Chapitre 5

Des capucins dans la guerre

L'invasion de la Pologne par l'Allemagne nazie le 1er septembre 1939 marqua le début de la Seconde Guerre mondiale. L'Italie, bien qu'ayant signé un Pacte d'Acier avec l'Allemagne quelques mois plus tôt, resta non belligérante. Ce n'est que le 10 juin 1940 que l'Italie de Mussolini entra en guerre aux côtés de l'Allemagne nazie. La mobilisation avait été décrétée quelques jours plus tard. Padre Giacomo, comme d'autres de ses confrères, avait reçu, fin mai, l'ordre de se rendre dans une caserne à la frontière yougoslave. Mais aussitôt qu'il se présenta aux autorités militaires à Udine, l'ordre de mobilisation le concernant fut annulé eu égard à son état physique[1]. En revanche, plusieurs de ses frères et de ses neveux furent appelés sous les drapeaux. Pendant toute la durée de la guerre, il fut l'intermédiaire entre les membres de sa famille, écrivant aux uns et aux autres et donnant des nouvelles de tous. Bien que n'étant pas l'aîné, depuis la mort de ses parents, il était devenu, par son état de religieux, le point de référence de la famille. À son frère Antonio, en juin 1940, il écrivait : « Sois sûr que chaque jour dans mes prières et

1. Lettre de Padre Giacomo à son frère Antonio, le 27 juillet 1940, publiée dans *Positio*, p. 257-258.

spécialement à la sainte messe, je suis uni à toi, à la famille et à tous les parents. »

Si les événements de plus en plus dramatiques de la guerre occupaient sa pensée, et plus encore sa prière, Padre Giacomo avait dans son âme une aspiration tout autre : le désir du Ciel. Le 19 mars 1940, quelques jours après la date-anniversaire de la mort de leur père, et en pensant aussi à leur mère, il écrivait à sa sœur Cesira :

> Ce saint jour, j'ai tellement pensé à eux que mon âme soupirait ardemment après le jour où elle pourrait être réunie avec nos chers parents dans le paradis où ils nous attendent, et une voix me disait : « Courage, ton exil s'achèvera bientôt, parce que le jour où tu pourras être réuni avec tes chers parents au paradis n'est plus très loin. » Pardonne-moi, chère sœur, si mes paroles te plongent dans la tristesse, mais c'est la pure vérité.

Sa sœur s'inquiéta, craignant qu'une aggravation de son état de santé l'ait démoralisé. Bientôt il lui répondit :

> Pardonne-moi si ma dernière lettre t'a fait souffrir. Ne t'attriste pas à ce point, [...] rien ne me tourmente ; ce que je t'ai écrit était un pieux désir qui m'est venu en ces jours-là, au souvenir de nos bien-aimés parents défunts. Quant au reste, soyons toujours prêts à faire la volonté du Seigneur et ainsi nous serons toujours satisfaits[2].

2. Lettres de Padre Giacomo à sa sœur Cesira, les 19 mars et 16 avril 1940, citées dans *Appelé par Notre-Dame à Lourdes*, *op. cit.*, p. 53.

Auprès de Notre-Dame de Lorette

Sa dévotion pour la Vierge Marie comme son attachement aux sanctuaires marials étaient bien connus de ses pénitents. On a vu comment grâce à un fidèle, dans les années 1930, il a pu se rendre au sanctuaire de Castelmonte. Grâce un autre de ses pénitents, le chanoine Aristide Baldassi, il va pouvoir aller en pèlerinage à Notre-Dame de Lorette.

Le chanoine Baldassi était official de la curie archiépiscopale d'Udine et aussi président de la section diocésaine de l'UNITALSI (Union italienne de transport des malades à Lourdes et dans les sanctuaires internationaux). À ce titre il organisait des pèlerinages dans différents sanctuaires marials. Un jour, en 1941, après s'être confessé à Padre Giacomo, il lui proposa de participer, comme pèlerin et malade, au pèlerinage diocésain à Notre-Dame de Lorette qui aurait lieu en septembre. L'UNITALSI prendrait en charge le coût de ce pèlerinage.

Le chanoine Baldassi se souviendra : « Il m'a répondu avec un regard lumineux de joie, ajoutant : "Si l'obédience me le permet[3]..." » Cette perspective le réjouissait parce que Notre-Dame de Lorette est le sanctuaire marial le plus fréquenté d'Italie et parce que les Capucins en avaient la charge.

S'agissant d'un voyage hors de la province capucine de Venise, il lui fallait obtenir du Ministre général une « obédience », c'est-à-dire une autorisation écrite de sortir du couvent et de la province. Le Père Provincial sollicita cette obédience, faisant valoir que Padre Giacomo exerçait depuis des années dans le couvent d'Udine « un apostolat inlassable et fécond dans le ministère de la confession.

---

3. *Positio*, p. 493.

Cette obédience constituerait une récompense et aussi un soulagement pour sa santé fatiguée[4] ». L'autorisation demandée fut accordée.

Lorette (Loreto en italien) abrite la *Santa Casa*, la maison où naquit la Vierge Marie à Nazareth et où elle a reçu la visite de l'Ange Gabriel. Selon la tradition, pour la sauver de la destruction et de la domination musulmane, des anges l'auraient transportée par la voie des airs en 1291 jusqu'à la côte dalmate, puis trois ans plus tard, le 10 décembre 1294, un nouveau transport l'aurait amenée jusqu'à son emplacement actuel, sur la colline de Loreto, dans la province des Marches, sur la côte Adriatique[5]. Depuis cette époque, la *Santa Casa* n'a cessé d'attirer les pèlerins de tous les pays. Montaigne et Descartes y furent pèlerins, Érasme composa une messe en son honneur.

En 1906, un historien catholique, le chanoine Ulysse Chevalier, a publié une étude pour contester non seulement le récit traditionnel, mais aussi l'authenticité de la relique. Son étude eut un grand retentissement et donna une naissance à une controverse qui dura plusieurs années. Selon Ulysse Chevalier, c'est au xve siècle que cette légende aurait été forgée. Aujourd'hui, les résultats de fouilles archéologiques menées à différentes époques, des études architecturales réalisées sur la *Santa Casa* et la recherche historiographique aboutissent à considérer que si le transport par les anges relève de la pieuse imagination, l'édifice conservé à Lorette a cependant

4. Lettre dactylographiée du Provincial au Ministre général le 18 août 1941, reproduite dans *Positio*, p. 421.

5. Giuseppe Santarelli, *La Santa Casa di Loreto. Tradizione e ipotesi*, Congregazione universale della Santa Casa, Lorette, 1988.

été reconstitué à partir de pierres en provenance de Nazareth[6].

Les Capucins ont fondé un couvent à Recanati, non loin de Lorette, en 1558[7]. De là, ils se rendaient fréquemment en pèlerinage à la *Santa Casa*. Puis ils ont ouvert un premier couvent à Lorette en 1608, devenant à partir de 1614 des prédicateurs appréciés dans le sanctuaire, tandis que des frères capucins faisaient office de sacristains, assurant le renouvellement et l'entretien des linges liturgiques. En 1640 ils s'installèrent dans un autre couvent plus grand, près de la basilique. Enfin, en 1934, par la constitution *Lauretanae Basilicae*, le pape Pie XI plaça le sanctuaire sous l'autorité directe du Saint-Siège et confia aux Capucins la charge d'assurer les prédications, les confessions et les messes. La *Santa Casa* était donc un sanctuaire marial où, selon l'expression du Ministre général Bernard d'Andermatt, les Capucins sont les « camériers de la Reine du Ciel ».

Le pèlerinage auquel prit part Padre Giacomo eut lieu du 15 au 17 septembre 1941, sous la conduite de Mgr Giuseppe Nogara, archevêque d'Udine. Une photographie garde le souvenir du pèlerinage. Le groupe des pèlerins d'Udine entoure son évêque, au centre. Padre Giacomo est au premier rang, assis sur une chaise à côté d'une jeune fille qui est sur un fauteuil roulant. Le 30 septembre il écrira à l'une de ses nièces religieuse : « J'ai eu la grâce d'aller à Lorette, dans ce grand sanctuaire qui abrite la sainte maison de Nazareth ; j'ai passé des journées de paradis. Dans la sainte maison j'ai eu la consolation de

6. Yves-Marie Bercé, *Lorette aux XVIe et XVIIe siècles. Histoire du plus grand pèlerinage des temps modernes*, Presses de l'Université Paris-Sorbonne, Paris, 2011, p. 307-316.

7. Pietro Vittorino Regni, *Loreto e i Cappuccini. Storia, devozione e servizio della Santa Casa*, Congregazione universale della Santa Casa, Lorette, 1995.

célébrer la sainte messe et de passer des heures en prière. Dans ces saints murs j'ai prié pour tous, tant en général qu'en particulier ; je me suis aussi souvenu de vous, de votre supérieure et de votre institut. »

Les siens – sa famille proche ou plus éloignée – étaient d'ailleurs toujours dans sa prière. À cette époque, une autre de ses nièces, Ines Costa, qui habitait à Este, fut atteinte d'une fièvre typhoïde et d'une méningite qui mirent sa vie en péril. Le père Amedeo, du couvent capucin d'Este, envoya un télégramme à Padre Giacomo, sollicitant ses prières. Padre Giacomo célébra aussitôt une messe aux intentions de sa nièce. Au même moment, dira le procès de béatification, la malade « se sentit comme transformée et parfaitement guérie[8] ».

Cette même année 1942, une religieuse, Maria Margherita Lazzari, fondatrice des Sœurs missionnaires de la Passion, était guérie d'un kyste à la main « par les prières du Padre Giacomo[9] ».

Les tourments de la guerre

Un de ses pénitents habituels dira que pendant la guerre Padre Giacomo « avait présent toute la problématique du moment[10] ». Pendant les premières années de guerre, le conflit ne toucha pas directement la péninsule italienne, mais des centaines de milliers de soldats italiens combattaient sur d'autres fronts, de l'autre côté de l'Adriatique, en Afrique du Nord, en Russie. Plusieurs des dirigés de Padre Giacomo avaient été mobilisés. Il resta en

8. *Positio*, p. 174 et p. 177.
9. *Ibid.*, p. 174.
10. *Ibid.*, p. 18.

relations avec beaucoup d'entre eux par lettre et les portait toujours dans sa prière.

Martino Scovacricchi, qui avait été son pénitent depuis l'âge de 11 ans, fut mobilisé dans l'armée italienne. Il servit sur plusieurs théâtres d'opérations (Croatie, Grèce, Mer Égée) avant d'être fait prisonnier en 1943 et de connaître pendant deux ans différents camps d'internement en Allemagne. Devenu plus tard député au Parlement italien, il témoignera que pendant toutes ces années de guerre, Padre Giacomo l'a soutenu par des « lettres de réconfort et d'encouragement qui l'aidaient à surmonter les dures épreuves du moment[11] ». Un jour, Padre Giacomo lui écrira : « Je prie tous les jours pour toi à l'autel de la Madone, mais je t'aiderai encore plus après ma mort[12]. »

La guerre entraîna aussi des pénuries dans différents domaines et des difficultés d'approvisionnement. « Les restrictions alimentaires se font particulièrement ressentir dans les grands centres urbains[13]. » En octobre 1941 une carte de rationnement du pain fut mise en place : un adulte n'avait droit qu'à 200 grammes par jour, ration qui passa à 150 grammes en mars 1942. Le ravitaillement, pour quasiment tous les produits alimentaires, devint un des problèmes majeurs de la vie quotidienne de tous les Italiens. Plusieurs témoins attestent que, pendant la guerre, Padre Giacomo donnait parfois une partie de son assiette à des religieux plus jeunes qui souffraient des restrictions alimentaires.

À cause de la guerre, le docteur Castellani ne pouvait plus se procurer la *cura bulgara*. Le père Anastasio d'Istrana, qui vivait au couvent d'Udine dans ces années de

---

11. *Ibid.*, p. 158.

12. *Ibid.*, p. 284.

13. Philippe Foro, « Les limites de la culture de guerre dans l'Italie fasciste durant la Seconde Guerre mondiale », dans *Amnis*, n° 10, 2011 [en ligne].

guerre, se souviendra que lorsque Padre Giacomo apprit la nouvelle, « surpris ou découragé il s'est mis à pleurer comme un enfant[14] ». En remplacement le docteur Castellani prescrivit des racines de belladone, une plante qui rentrait dans la composition du « traitement bulgare ». Padre Giacomo prit dès lors de la belladone en tisane, elle agissait comme sédatif du système nerveux. Parallèlement, quand c'était nécessaire, il recevait des injections de scopolamine que le frère Accursio de Castions di Strada se procurait auprès du docteur Castellani. La scopolamine élève le rythme cardiaque tout en ayant un effet sédatif. Elle permettait au Padre Giacomo de se tenir debout et de faire ses activités. Frère Accursio témoignera combien Padre Giacomo lui était reconnaissant des secours qu'il lui portait : « Il était très reconnaissant envers ceux qui lui faisaient une gentillesse ou lui rendaient quelque service; il les remerciait de tout cœur et leur promettait de se souvenir auprès du Seigneur[15]. »

Les Brigades Osoppo

La démission forcée de Mussolini en juillet 1943 puis l'armistice signé le 8 septembre avec les forces anglo-américaines qui avaient conquis la Sicile marquèrent un tournant historique de la guerre. Dès le 9 septembre, les troupes allemandes envahirent le nord de l'Italie et occupèrent les deux tiers du pays. Le Frioul et la Vénétie julienne devinrent l'*Operationszone Adriatisches Küstenland* (Zone opérationnelle du Littoral adriatique), placée sous l'administration directe d'un Commissaire suprême du

14. *Positio*, p. 103.
15. *Ibid.*, p. 68.

Reich, Friedrich Rainer, tandis que le maintien de l'ordre et de la sécurité était confié au Gruppenführer SS Odilo Globocnik. Le 12 septembre, Udine fut occupée par des troupes de la Wehrmacht et de la SS. Dans les semaines suivantes une résistance, d'abord passive, commença à s'organiser dans le Frioul[16].

Parmi les premiers résistants figure Don Aldo Moretti (1909-2002), « Lino » dans la résistance, qui était professeur de théologie, d'Écriture sainte et d'hébreu au séminaire d'Udine. À partir de novembre 1943 il organisa le *Cenacolo di Studi sociali per sacerdoti*, un cercle d'études, clandestin, destiné à former les prêtres qui étaient confrontés tous les jours aux exigences des Allemands et aux réactions diverses des habitants face à l'occupant. Don Moretti fut aussi un des organisateurs du Comité de libération nationale (CLN) de la province d'Udine, qui tint sa réunion constitutive le 25 novembre 1943 dans le séminaire même. S'y retrouvèrent des représentants du Parti socialiste italien (PSI), de la Démocratie chrétienne (DCA), du Parti d'Action (PDA) et du Parti communiste italien (PCI). Une résistance armée commença à s'organiser. L'évêque d'Udine, Mgr Nogara, avait voulu dès le début que les groupes de résistance aient des aumôniers, « pour ne pas laisser les communistes faire seuls leur propagande et pour défendre les idées chrétiennes[17] ».

Rapidement, résistants catholiques et résistants communistes s'organisèrent en deux groupes distincts. Le 24 décembre 1943, dans le séminaire d'Udine, différents groupes de résistants catholiques s'organisèrent dans une nouvelle formation armée, les *Brigades Osoppo*;

16. Enzo COLOTTI, Renato SANDRI et Frediano SESSI (dir.), *Dizionario della Resistenza*, 2 vol., Giulio Einaudi Editore, Turin, 2000 et 2001.

17. Cité par Alberto BUVOLI, *Le formazioni Osoppo-Friuli. Documenti 1944-45*, Istituto friulano per la storia del movimento di liberazione, Udine, 2003, p. 17.

à la même époque, ailleurs, les communistes se regroupaient dans les *Brigades Garibaldi*. Le nom Osoppo faisait référence à la petite ville du même nom, au nord d'Udine, qui, en 1848, avait résisté pendant sept mois à l'assaut des troupes autrichiennes.

Selon le témoignage de Frère Filippo qui était portier du couvent d'Udine : « Un soir Padre Giacomo me dit : "Demain ouvre la porte à temps pour des gens qui doivent venir ici." C'est ce qui arriva. Il en vint beaucoup, même avec des caisses, qui se regroupèrent dans une pièce près de la porterie et puis disparurent. » Padre Giacomo lui expliquera plus tard que « c'était la première réunion de l'Osoppo ». Par la suite à plusieurs reprises des officiers vinrent lui rendre visite, un à un, ou par groupe de deux, vers 11 heures du soir. Padre Giacomo prévenait le frère portier pour qu'il ouvre la porte avant que les visiteurs fassent retentir la cloche d'entrée[18].

La première réunion de l'Osoppo a-t-elle bien eu lieu dans le couvent d'Udine ? Cela reste difficile à établir. Il y eut plusieurs réunions préparatoires de militants et de résistants catholiques, en différents endroits, en novembre et décembre 1943, avant l'assemblée constitutive du 24 décembre 1943[19]. Il est fort possible que Don Moretti ait organisé une des premières réunions, sinon la première, dans le couvent des Capucins, voisin du séminaire.

Le père Zaccaria de San Mauro témoignera d'autres visites discrètes de responsables des Brigades Osoppo au Padre Giacomo : « Ils venaient se confesser, mais aussi ils demandaient conseils et avis sur les initiatives à prendre.

18. *Positio*, p. 221.

19. A. Buvoli, *Le formazioni Osoppo-Friuli. Documenti 1944-45*, *op. cit.*

Mais de tout cela il ne parlait jamais et si quelqu'un engageait la conversation sur ce sujet, il la détournait[20]. »

Padre Giacomo eut aussi, pendant quelque temps, l'écrivain et journaliste Giacomo Lampronti parmi ses pénitents. Son père était de confession juive, sa mère était chrétienne. Journaliste à Milan, il s'était converti avant-guerre au catholicisme et il était devenu tertiaire franciscain[21]. De 1941 à 1943 il fut le correspondant du journal catholique *l'Avvenire d'Italia* à Udine. Puis en novembre il dut se réfugier en Suisse avec sa famille pour échapper aux persécutions raciales. Il reviendra à Udine après la guerre.

« Souffrir avec patience et résignation »

À cette époque, Padre Giacomo répétait dans ses lettres à sa famille : « Je vais bien » (le 7 juillet 1943 et octobre 1944). C'était pour les rassurer et ne pas alourdir les soucis et les angoisses dus à la guerre. Pourtant Frère Pietro de Ravosa, qui résida au couvent de 1938 à 1944 et qui fit office d'infirmier auprès de lui, témoignera que l'aggravation de son état de santé obligeait parfois Padre Giacomo à « garder le lit plusieurs heures par jour[22] ». Même écho chez le père Elzéar de Talmassons, Gardien du couvent d'Udine, qui écrivait au Provincial le 23 novembre 1944 : « Les religieux vont tous plutôt bien, sauf Padre Giacomo qui, faute de médicament aujourd'hui pratiquement introuvable, se sent très affaibli. »

20. *Positio*, p. 122.

21. Maria Peri, « Giacomo Lampronti. Cenni biografici », dans Giacomo Lampronti, *Mio fratello Odoardo*, EDB, Bologne, 2021, p. 11-15.

22. *Positio*, p. 88.

Frère Filippo se souviendra encore que lors de la dernière année qu'il passa avec Padre Giacomo au couvent d'Udine, en 1944, plusieurs fois il l'a trouvé au sol, incapable de se relever seul. Il devait appeler le frère infirmier, Pietro, qui lui faisait une injection de scopolamine. « Il se rétablissait aussitôt. Ensuite il était tellement reconnaissant à l'égard de tous ceux qui d'une façon ou d'une autre l'aidaient[23]. »

Padre Giacomo, depuis longtemps, avait une considération surnaturelle des souffrances qu'il éprouvait et des épreuves qu'il traversait. À son frère Francesco, qui était de trois ans son aîné et qui avait de graves ennuis de santé, il écrivait en février 1944 :

> Comme tu vois, le Seigneur t'aime beaucoup ; oui, je te le redis, il t'aime beaucoup, parce que Dieu voit, dans l'épreuve de la souffrance, notre fidélité et notre amour envers lui, et nous fait acquérir beaucoup de mérites. Dans la souffrance il ne faut ni nous laisser abattre ni nous décourager, mais nous réjouir et le remercier de ce grand bienfait… Tâchons de souffrir avec patience et résignation.

Sous les bombardements

Un des pénitents de Padre Giacomo, Giuseppe Del Zan, se souviendra :

> En juillet 1943, avant de me marier, je me suis confessé à lui et je lui ai demandé de me bénir. Il m'a exhorté à prier mon saint patron saint Joseph pour obtenir une bonne mort. Cela m'a profondément attristé.

23. *Ibid.*, p. 221.

> J'étais entré heureux, j'allais me marier, créer une famille et mon confesseur me parlait de la mort. Les mois passant, la guerre s'est faite toujours plus dure, les souffrances et les deuils augmentaient et je me suis souvenu de ce que Padre Giacomo m'avait dit. J'ai commencé à prier mon saint patron avec cette intention[24].

De fait, la mort allait commencer à frapper bientôt des centaines d'habitants d'Udine. Quelques semaines après l'occupation allemande du Frioul, les premiers avions alliés (anglais et américains), venus du sud de l'Italie, furent aperçus dans le ciel d'Udine, mais il n'y eut ces jours-là – novembre 1943 – ni bombardements, ni lancement de tracts. Padoue commença à être bombardée le 16 décembre 1943. À partir du 31 janvier 1944, Udine fut frappée pour la première fois, les deux bombes tombées au centre de la ville faisant un mort et plusieurs blessés.

Dès lors Udine et sa région furent frappées de plus en plus souvent par des bombardements alliés[25]. L'opération *Strangle* (« étranglement »), à partir de mars 1944, visa les gares, les nœuds ferroviaires, les ponts et les viaducs. Cette opération dura deux mois. Les avions anglais et américains visaient les infrastructures de transport et les bâtiments militaires, mais de plus en plus souvent les bombes atteignaient aussi le centre de la ville, faisant parfois des dizaines de victimes. Nombre d'immeubles de la ville et de bâtiments publics avaient aménagé des refuges ou des abris antiaériens en sous-sol. Dans le couvent capucin aussi

24. *Ibid.*, p. 208.
25. Voir Tiziano Sguazzero, « Fonti diaristiche per la storia dei bombardamenti in Friuli », dans *I Quaderni di in prin*, n° 2, 200, p. 1-30.

un refuge avait été aménagé. Lorsque les sirènes retentissaient, tous les religieux s'y rendaient et ils y accueillaient ceux qui, se trouvant dans la rue, n'avaient pas le temps de rentrer chez eux.

Frère Accursio de Castions di Strada, qui résidait à cette époque au couvent d'Udine, se souvient que la ville fut « plusieurs fois frappée par les incursions aériennes, qui faisaient beaucoup de victimes, et aussi par des fusillades en masse de la part des Allemands. Padre Giacomo souffrait et priait. On le voyait le visage grave, le rosaire entre les mains, il pensait à tous, priait pour tous et avait une pensée pour chacun de ses pénitents[26] ».

Un des bombardements les plus meurtriers eut lieu le 28 décembre 1944, à partir de 12 h 30, et dura plus de deux heures, en sept vagues qui firent au total 61 morts et une centaine de blessés. Un millier d'habitants se retrouvèrent sans toit. Le lendemain, l'alarme retentit dès 9 h 25 et dura jusqu'à 16 heures, ce fut la plus longue de toute la guerre. Aux bombes de gros calibres s'ajoutèrent des engins incendiaires. Ces nouveaux bombardements firent 52 morts. Trois grands édifices de la Via Ronchi, où se trouvait le couvent, furent quasi complètement détruits : le Palazzo Ferri, l'Istituto Micesio et le collège du Sacré-Cœur. Dès la fin de l'alerte, les capucins se portèrent au secours des blessés. Des décombres de l'Istituto Micesio on retira 23 morts : des religieuses et leurs élèves.

Dans les jours suivants, nombre d'habitants de la ville, notamment ceux qui vivaient près de la gare, quittèrent la ville par tous les moyens, emportant ce qu'ils pouvaient. L'archevêque d'Udine, Mgr Nogara, se rendit plusieurs jours « dans les secteurs de la ville les plus touchés,

26. *Positio*, p. 65-66.

bénissant les dépouilles qui étaient extraites des ruines et portant des paroles de réconfort aux blessés[27] ».

Le 2 janvier suivant, tous les capucins de la Via Ronchi furent réunis en conseil par leur Père Gardien « pour décider, dit la chronique des capucins, ce qu'il fallait faire après les derniers bombardements, du fait que le couvent se trouvait dans une zone trop dangereuse. À l'unanimité il fut décidé d'envoyer au couvent de Castelmonte les frères étudiants avec leurs professeurs et les pères Sisto et Isidoro ; et le père Giacomo et Frère Barnaba au cimetière[28] ». Le mois suivant, après de nouveaux bombardements, ce sont tous les autres religieux du couvent qui iront se réfugier à Castelmonte.

Le « cimetière » dont il est question est le cimetière San-Vito. C'est le plus grand cimetière d'Udine, édifié en 1817 à l'extérieur de la ville. Il comprend différents bâtiments, disposés de part et d'autre du grand portique d'entrée à colonnades, et une grande chapelle au centre. Les Capucins étaient chargés d'assurer le culte dans cette chapelle et d'accueillir les fidèles qui venaient se recueillir sur la tombe de leurs défunts. Habituellement, deux religieux, nommés par le Gardien du couvent de la Via Ronchi, résidaient sur place. À partir du 5 janvier 1945, Padre Giacomo et Frère Barnaba rejoignirent la petite communauté et y restèrent pendant dix mois, jusqu'au 15 novembre.

Padre Giacomo avait été envoyé au cimetière pour pouvoir rester à Udine et recevoir les visites du docteur Castellani qui lui procurait le traitement bulgare ou de la belladone. Par ailleurs, il connaissait bien le supérieur de

27. T. Sguazzaro, « Fonti diaristiche per la storia dei bombardamenti in Friuli », art. cit., p. 22-23.

28. Cité dans *Positio*, p. 416.

la petite communauté, le père Cesario de Rovigo, dont il était le confesseur depuis six ans.

Les deux religieux passèrent plusieurs mois ensemble. Le père Cesario témoignera de la « patience héroïque » dont faisait preuve Padre Giacomo : « À cause de sa maladie, [il] souffrait et souffrait beaucoup. Pourtant je n'ai jamais vu sortir de ses lèvres une parole de plainte, et même je peux dire qu'il avait le visage continuellement serein, comme s'il jouissait d'une parfaite santé. Padre Giacomo souffrait avec patience, avec résignation, avec joie. »

En février 1945, il fut le témoin d'un drame terrible, tel qu'en ont connu beaucoup de villes d'Europe occupées par les Allemands. Le 7 février, un groupe de résistants donna l'assaut à la prison de la Via Spalato et réussit à libérer soixante-treize résistants, deux prêtres et trois militaires anglais. En représailles, les Allemands fusillèrent contre un des murs du cimetière d'Udine vingt-trois prisonniers tirés de la prison de la Via Spalato.

Padre Giacomo et son confrère purent-ils donner leur assistance spirituelle aux fusillés en leurs derniers instants ? Au moins, sans doute, ont-ils pu bénir leurs dépouilles et prier à leur intention lors de l'enterrement.

C'est sans doute durant son séjour au cimetière San-Vito que Padre Giacomo a composé cette prière à Notre-Dame de Fatima, prière qui demandait pour tous la protection de la Vierge dans les temps dramatiques que traversaient l'Italie et le monde :

> Ô Reine céleste, qui apparut voilée par une ombre de tristesse indicible pour les souffrances attendues de vos enfants, tournez les yeux compatissants sur votre peuple tourmenté par les fléaux présents.
> Ô candide Mère, qui promettez à vos enfants dévoués et consacrés la protection particulière pendant la vie

> et l'assistance spéciale à l'heure de la mort, défendez-nous de tout danger, donnez du réconfort à ceux qui souffrent, donnez votre bénédiction aux familles anxieuses, lumière et force chrétienne à tous ; consolez tant d'âmes proches et lointaines éprouvées par la guerre ; conservez-leur la foi et l'espérance en Dieu, dont il n'est pas permis d'appréhender les jugements mystérieux.
> Ô Vierge de Fatima, sur les mourants nous implorons votre assistance maternelle ; sur les morts votre pieux suffrage ; sur l'Église, sur la patrie, sur le monde entier votre prochaine intervention bienveillante[29].

Lors de la Semaine sainte, en mars 1945, le couvent de Via Ronchi étant fermé, les cérémonies furent organisées avec solennité à la chapelle du cimetière. Les fidèles habitués du couvent vinrent nombreux. Padre Giacomo, à cause de sa condition physique toujours très précaire, ne put présider aucune cérémonie, mais il passa toute la Semaine sainte à confesser, retrouvant quasiment tous ses pénitents.

La ville fut libérée de l'occupation allemande par la 6e division blindée britannique le 2 mai 1945. Les capucins revinrent progressivement dans leur couvent qu'il fallait nettoyer et réaménager. Ce n'est que le 15 novembre suivant que Padre Giacomo retrouva sa communauté.

---

29. Prière publiée dans *Positio*, p. 472-473.

Chapitre 6

Obéissant et miséricordieux

Padre Giacomo resta, jusqu'à sa mort, un confesseur très recherché, notamment par les prêtres. Son dernier supérieur à Udine, le père Corrado de Tribano, dira que, de l'avis général des pénitents de Padre Giacomo, ce qui le caractérisait dans le ministère de la confession est qu'« il encourageait tout le monde dans toutes les circonstances[1] ».

Par le ministère de la confession Padre Giacomo sanctifiait ses pénitents et se sanctifiait lui-même. Au confessionnal s'opérait une sorte d'échange. Malgré les souffrances physiques qui étaient les siennes, il restait serein et confiant en Dieu. Au confessionnal, à ceux qui se présentaient à lui avec leurs souffrances morales, il rendait sérénité et confiance en Dieu en dispensant le sacrement de la miséricorde,

Père Pancrazio de Campese, qui vivait dans le même couvent, témoignera que Padre Giacomo fut à plusieurs reprises, dans les années 1945-1946, consulté par la Curie provinciale sur des cas de théologie morale et donna des réponses écrites « précises, concises et éclairées[2] ».

1. *Positio*, p. 82.
2. *Ibid.*, p. 98.

Cette expertise reconnue de Padre Giacomo n'est pas surprenante. Par son expérience de confesseur, il a eu connaissance de situations morales les plus diverses et les plus délicates. On sait aussi qu'il n'a cessé d'étudier la théologie morale dans les livres, comme le montre l'épisode à Capodistria cité plus haut. Le père Zaccaria de San Mauro, qui le connaissait bien et qui sera Provincial à partir de 1951, donnera le témoignage que « le temps qu'il ne consacrait pas à écouter les confessions, était pour la prière et l'étude, spécialement de la morale[3] ».

De fait, sur une photographie ancienne qui montre sa cellule à Udine, on voit, au-dessus de son petit bureau, plusieurs étagères remplies de livres. Padre Giacomo ne fut pas seulement un moine priant et souffrant, il fut aussi un religieux qui continuait à lire et à étudier la théologie morale pour mieux exercer son ministère de confesseur.

Des dispenses

Après la guerre son état de santé se dégrada encore plus. La maladie progressait. Il avait de plus en plus de difficultés à se déplacer et des douleurs musculaires fréquentes. Il avait aussi des difficultés à dormir. Le père Costanzo de San Martino di Lupari, qui vécut avec lui au couvent d'Udine de 1945 à 1948, témoignera : « Il supportait son état sans ressentiment, sans amertume, ni même seulement en se résignant, mais il l'acceptait avec dignité et reconnaissance comme un don de la volonté divine[4]. »

3. Lettre du P. Zaccaria de San Mauro au P. Nicolas Toth, le 10 octobre 1952, publiée dans *Positio*, p. 458.

4. *Positio*, p. 271.

À cause de sa maladie, il était astreint à un régime alimentaire particulier. Parfois, le cuisinier, Pietro de Ravosa, oubliait que Padre Giacomo ne pouvait manger tel ou tel aliment. Padre Giacomo, dira-t-il, « le supportait sereinement avec patience et en silence, sans rien réclamer ni revendiquer… Il cachait sa souffrance sous un doux sourire ».

Le père Ermacora de Premariacco, qui fut le Père Gardien du couvent d'Udine de 1945 à 1948, voyant la dégradation de l'état de santé de Padre Giacomo, chercha à lui rendre non pas la vie plus facile, mais à alléger certaines de ses souffrances. En 1942, déjà, le supérieur de l'époque avait obtenu de Rome une dispense du jeûne eucharistique – qui commençait alors à minuit – pour que Padre Giacomo puisse boire la tisane de belladone qui lui était prescrite à son lever et qui lui était nécessaire pour rester éveillé avant la célébration de la messe.

Quand il quittait le confessionnal, en attente d'un nouveau pénitent, il s'asseyait sur un banc, près de l'autel. Le père Ermacora témoignera : « Pendant qu'il priait, je l'ai vu souvent, vaincu par la maladie, la tête baissée, vaincu par le sommeil ou tombé dans la torpeur[5]. » Il avait aussi de plus en plus de difficultés à marcher. Après la guerre, il dut se servir de béquilles pour se déplacer. Sa cellule étant située au premier étage du couvent, il fallut bientôt qu'un frère l'aide pour monter ou descendre les escaliers.

Le père Ermacora décida alors, vers 1946, d'aménager pour lui un confessionnal au premier étage. Dans la cellule voisine de celle de Padre Giacomo, un prie-Dieu fut installé et une petite fenêtre avec une grille fut percée dans le mur pour que les pénitents puissent communiquer avec

5. *Ibid.*, p. 76.

lui. Il était de l'autre côté, dans sa cellule, assis dans un fauteuil de bois, l'étole sur sa robe de bure. Dérogeant au principe que les cellules ne soient pas chauffées, eu égard à la santé défaillante de Padre Giacomo et aux heures qu'il passait immobile dans sa cellule, le Père Gardien avait décidé aussi d'y installer un poêle à bois pour les mois d'hiver.

Son ministère de confesseur se poursuivit, à l'étage pour les hommes, plus rarement au confessionnal de l'église pour les femmes. Un prêtre qui fut son pénitent pendant onze ans gardera l'image de sa souffrance silencieuse : « Je le voyais si courbé, souffrant, marchant à peine, pourtant jamais il ne se lamentait sur son sort. Lui, avec une grande force spirituelle, il savait porter sa croix avec un silence absolu[6]. »

À plusieurs reprises, le Père Gardien dit au Padre Giacomo qu'en raison de son état de santé et du temps qu'il passait au confessionnal, il n'était pas tenu de réciter le bréviaire (l'office divin). Mais Padre Giacomo usa peu de cette dispense, « la force de son amour pour Dieu lui permettait de surmonter ses souffrances[7] ». La peine prise pour réciter le bréviaire n'en devenait que plus méritoire. Frère Pietro de Ravosa, qui a vécu au couvent de 1938 à 1944, témoignera que, malgré ses infirmités et ses problèmes de santé, Padre Giacomo était « assidu à tous les offices, y compris la prière de nuit[8] ». Dans les dernières années, le Père Gardien dispensa Padre Giacomo de l'office de nuit (matines et laudes récitées au chœur à minuit). Padre Giacomo accepta cette dispense avec

6. *Ibid.*, p. 41.

7. Déposition du P. Ermacora de Premariacco, publiée dans *Positio*, p. 79.

8. *Positio*, p. 88.

humilité, mais il continua le lever de nuit pour certaines grandes fêtes liturgiques.

Certains religieux, très peu nombreux, considérèrent avec sévérité ces dispenses accordées et ces aménagements de certaines observances. Il se murmura que Padre Giacomo était devenu un *cappuccino dimezzato* (« un capucin à moitié »). Le reproche sera répété dans une ou deux dépositions de religieux lors du procès de béatification. Mais ils ignoraient que Padre Giacomo n'usait pas toujours de ces dispenses et qu'il en avait refusé d'autres que le Père Ermarico lui avait proposées. Et, comme le dira un de ses confrères, le fait de supporter des douleurs physiques jour et nuit, dans un esprit d'offrande au Seigneur, constitue sans doute des sacrifices « beaucoup plus généreux » que le fait de suivre mécaniquement des observances.

Deux autres reproches seront faits à Padre Giacomo, par l'un ou l'autre de ses confrères, lors du procès de béatification : d'avoir gardé dans sa cellule des cadeaux qui lui étaient faits par des fidèles (friandises, gâteaux, liqueurs), au point que parfois ils s'abîmaient, et aussi d'avoir conversé trop longuement avec une femme.

Concernant les dons reçus, les *Constitutions* de l'ordre capucin sont claires : toutes les aumônes et tous les cadeaux faits à un religieux doivent « être remis au supérieur et servir aux besoins de la famille religieuse ; de sorte que le couvent fournisse en commun à tous la même nourriture, le même vêtement et tout le nécessaire » (§ 108). Padre Giacomo n'a jamais gardé pour lui ce qu'il recevait. Le docteur Mario Sella Savio qui, dans sa jeunesse, fut pénitent de Padre Giacomo, témoignera lors du procès de béatification : « Quand j'étais jeune, j'ai vu que quand il recevait quelques douceurs en cadeau, il les mettait dans sa poche et nous les donnait à nous les enfants. Personnellement, je ne l'ai jamais vu manger quelque chose[9]. »

Le père Ermarico, qui fut un des derniers supérieurs de Padre Giacomo, témoignera que c'est lui qui autorisait Padre Giacomo à garder dans sa cellule les cadeaux qui lui étaient faits, sachant qu'il en ferait profiter ses visiteurs : « On lui a aussi reproché de garder dans sa cellule les cadeaux reçus des pénitents au point de les laisser s'abîmer plutôt que de les donner à ses confrères. Moi, qui l'autorisais à les garder dans sa cellule, je n'ai jamais vu que les bouteilles et les douceurs s'abîmaient, comme s'il ne se souciait pas de donner aux confrères ce qui lui restait. Au contraire, je pense qu'il ne les touchait même pas[10]. »

Ce témoignage est confirmé par un de ses confrères de cette époque : « Quant aux cadeaux qu'il recevait avec l'accord de ses supérieurs, il ne me semble pas qu'il les ait gardés pour lui, mais plutôt il les distribuait au groupe des garçons qui fréquentaient le couvent [...]. Si quelquefois un cadeau qu'il avait reçu a pu s'abîmer, c'est simplement qu'il l'avait oublié ou parce qu'il n'avait pas eu l'occasion de le donner à quelqu'un[11]. »

Quant aux relations avec les femmes, les *Constitutions* en vigueur à l'époque consacrent au sujet un long paragraphe, empreint d'une prudence très rigoriste : « Afin que, nous conservant dans une très grande pureté de cœur, nous méritions de contempler Dieu des yeux de l'âme, et d'acquérir ainsi plus d'aptitude pour les choses célestes, nous voulons que les frères évitent tout commerce suspect, les conversations inutiles et prolongées

---

9. *Ibid.*, p. 268.

10. *Ibid.*, p. 80.

11. Déposition du P. Arturo de Carmignano, *Positio*, p. 144-145. Le P. Arturo sera l'auteur de la riche notice consacrée à Padre Giacomo dans le recueil hagiographique *Santi e santità nell'Ordine cappuccino*, *op. cit.*, t. III, p. 215-225.

avec les femmes ; et lorsqu'ils seront obligés de leur parler, ils le feront en un lieu où ils puissent être aperçus de leur compagnon, afin d'être toujours un sujet d'édification pour le prochain et de douce consolation pour Notre-Seigneur Jésus-Christ par la pureté, l'honnêteté et la discrétion de leur conduite » (§ 207).

Lors du procès de béatification de Padre Giacomo, il lui fut reproché d'avoir, à deux reprises, eu une conversation prolongée, près de la porterie semble-t-il, avec une jeune fille *dipinta* [très maquillée], donc de s'être montré imprudent. Le père Ermarico, Gardien du couvent, qui lui en fit le reproche, donnera le témoignage suivant : « L'unique reproche que comme Gardien j'ai dû faire à Padre Giacomo a été celui-ci : une jeune fille maquillée lui faisait perdre du temps. Je l'en ai averti, mais à mon grand étonnement il n'a pas réussi à y remédier. Très probablement il ne dépendait pas de lui de mettre fin aux conversations, parce que la même chose s'est répétée plus tard avec un autre père[12]. » Le Père Gardien explique donc ces apparents écarts de Padre Giacomo par une bavarde dont il lui fut difficile de se débarrasser, à moins qu'il ne s'agisse de quelque âme en voie de conversion.

Frère Filippo donne une indication plus générale sur la façon dont Padre Giacomo avait coutume de rester fidèle à ce point des *Constitutions* : « J'ai été pendant de nombreuses années portier du couvent et j'ai remarqué que le Père était très bref dans ses rencontres avec les personnes et particulièrement avec les femmes. Quand il comprenait qu'il allait devoir traiter des questions qui pouvaient demander trop de temps, il me prévenait qu'à un certain moment je devrais l'appeler pour interrompre une conversation inutile[13]. »

12. *Positio*, p. 80.

13. *Ibid.*, p. 74.

L'obéissance

Un fidèle ayant appris que Padre Giacomo, dans sa jeunesse, avait aimé s'occuper de tourterelles, lui en avait offert deux couples. Il pensait que ce cadeau lui ferait plaisir et pourrait le distraire un peu de ses souffrances. Padre Giacomo fut ravi de cette intention et il accepta candidement ce cadeau. À certains moments de la journée, il se plaisait à nourrir et à s'occuper de ces tourterelles qui avaient été placées près du poulailler qui se trouvait dans le jardin du couvent. Mais certains de ses confrères et le supérieur du couvent, tout en comprenant le réconfort que cette innocente distraction apportait à leur confrère malade, jugeaient qu'elle était contraire aux *Ordonnances générales* de l'ordre capucin qui interdit l'élevage d'animaux domestiques dans les couvents s'il n'y a pas de motif sérieux. Le supérieur du couvent en référa au supérieur provincial. Celui-ci, avant de prendre une décision, voulut prendre l'avis d'un spécialiste. Il s'adressa à un capucin originaire de la province, le père Zaccaria de San Mauro, qui avait soutenu une thèse en droit canonique à l'Université pontificale du Latran et qui était devenu avocat à la Rote et professeur dans cette même université. Le père Zaccaria, qui connaissait Padre Giacomo depuis leurs études communes, on l'a vu, donna une réponse très argumentée[14]. Sur le plan canonique, il faisait valoir qu'il ne s'agissait pas d'un élevage proprement dit, en vue d'un commerce ou d'une consommation alimentaire; il estimait donc qu'on pouvait déroger à l'interdiction. Sur le plan de la charité, il estimait qu'on pouvait faire une concession à ce frère malade qui était par ailleurs un religieux exemplaire, respectueux de toutes les observances.

14. *Ibid.*, p. 129.

Les supérieurs, néanmoins, ne se rangèrent pas à cet avis. Padre Giacomo dut rendre ses tourterelles à celui qui les lui avait offertes. Selon les témoignages qu'a recueillis le père Zaccario, « Padre Giacomo obéit à l'instant, sans sourciller, courant aussitôt pour se défaire de ses oiseaux, sans se troubler, comme si de rien n'était et sans perdre de son habituelle sérénité. Au jugement de ses confrères du couvent, cet acte d'obéissance a constitué pour Padre Giacomo un sacrifice important, pour ne pas dire héroïque. Ces animaux, pour lesquels il s'était pris de passion, étaient pour lui un divertissement innocent et constituaient un moment de repos entre les fatigues du confessionnal. Pourtant il obéit aussitôt, sans plainte d'aucune sorte. À quelqu'un qui compatissait à sa déconvenue, il répondit en souriant : "Je suis heureux de pouvoir offrir un petit sacrifice au Seigneur par obéissance ; la volonté des supérieurs est la volonté de Dieu et vaut plus que des tourterelles[15]." »

Père Giacomo plaçait l'obéissance au-dessus des autres vertus. Une autre anecdote le montre bien. Le portier du couvent, Frère Filippo, fut une ou deux fois surpris par le Père Gardien en train de donner un bol de soupe à un mendiant de passage, hors des horaires de distribution. La troisième fois, le Père Gardien interdit au frère Filippo de continuer cette charité, au nom de l'obéissance. Le frère portier s'en plaignit à Padre Giacomo, celui-ci répondit : « Tu as mal fait parce que même faire la charité sans la permission des supérieurs ne vaut rien[16]. »

15. *Ibid.*, p. 122 et 129.

16. *Ibid.*, p. 222.

Une bilocation et une multiplication du lait

Nous avons déjà signalé plusieurs guérisons attribuées, de son vivant, à l'intercession de Padre Giacomo. D'autres faits considérés comme non expliqués, sinon comme miraculeux, peuvent être relevés dans la vie du « saint confesseur », même s'ils furent rares.

Francesco Filon, un des frères de Padre Giacomo, rapportera lors du procès de béatification le cas d'un habitant du village de Segno, dans le Haut-Adige, qui avait l'habitude de jurer et de blasphémer, et qui un jour l'avait interpellé : « Vous êtes le frère de ce *frate padovano* [frère de la région de Padoue] dont on parle tant pour sa sainteté ! » Il avait ajouté comme par défi : « Je voudrais bien le voir, moi, ce moine. » Quelque temps plus tard, Francesco Filon revit le même homme qui, cette fois, lui dit : « Je vous demande pardon pour ce que je vous ai dit l'autre jour. Je l'ai vraiment vu ce moine. Par piété, je ne veux plus blasphémer. Padre Giacomo m'a dit que si je continuais à blasphémer j'irai tout droit en enfer et il m'a exhorté à prier la Madone et à faire pénitence ; depuis ce jour je ne jure plus[17]. »

À cet unique cas de bilocation – il y en a bien plus dans la vie de saint Padre Pio –, s'ajoute ce qu'on pourrait appeler une multiplication prodigieuse de nourriture[18]. Au couvent d'Udine, comme dans tous les couvents capucins en Italie à cette époque, des repas étaient distribués aux pauvres. Une soixantaine d'hommes et de jeunes gens étaient accueillis chaque jour dans une pièce, près de la porterie, où étaient installées des tables et des chaises. Le matin ils recevaient un bol de lait et un morceau de pain et le midi une *minestra calda* (soupe chaude) et un

17. *Ibid.*, p. 176.
18. *Ibid.*, p. 177.

morceau de pain. Tous les matins, le couvent était livré en lait par un camion. Un jour, le livreur eut un accident et quasiment toute sa cargaison fut perdue. Quand il se présenta au couvent, il ne put livrer qu'une quantité de lait très réduite. Le portier était très embarrassé et ne savait que faire pour les pauvres qui attendaient leur bol journalier. Il fit appeler Padre Giacomo qui, sans s'émouvoir, lui répondit : « Apporte le récipient, je vais faire la distribution. » Avec le fond de lait qui restait, il put donner aux dizaines de pauvres présents leur bol habituel.

Il pourrait s'agir là d'un miracle qui ne contredit pas les lois de la nature, mais que Dieu réalise d'une façon que la nature ne peut imiter. Les miracles retenus pour proclamer une béatification ou une canonisation sont généralement des guérisons inexpliquées. Mais il peut arriver que d'autres types de miracles soient retenus. Ainsi pour la canonisation du frère dominicain Jean Macias, c'est une multiplication prodigieuse de riz qui a été retenue, en 1975, comme miracle probatoire[19].

« Supporter tout pour l'amour de Jésus »

Les dernières années de la vie de Padre Giacomo furent des années de souffrances croissantes, même s'il s'efforçait de n'en rien laisser paraître. Dans une lettre à son frère Antonio et à son neveu Giacomo, le 18 janvier 1946, il écrit : « J'espère que vous jouissez à présent d'une bonne santé, comme c'est mon cas. » Mais ce propos rassurant ne peut être pris au pied de la lettre. En 1946 – il aura 46 ans en août – sa santé n'était pas « bonne ».

19. Yves Chiron, *Enquête sur les béatifications et canonisations*, coll. « Tempus » (2e éd.), Perrin, Paris, 2011, p. 133 et p. 145.

Un confrère qui a partagé sa vie au couvent d'Udine dans les dernières années se souviendra que « sa démarche était très difficile, faite presque de sauts et [il marchait] plié en avant[20] ». Il continuait à être aimable et souriant, toujours assidu à son ministère du confessionnal. Un autre religieux, venu de Rome, qui le visita à cette époque témoignera : « À ceux qui se montraient inquiets de son état de santé pitoyable et de sa trop grande charge de travail, il répétait toujours : "Ce n'est rien, ce n'est rien, ce qui importe, c'est de faire la volonté de Dieu[21]." » À son frère Francesco, qui était malade depuis plusieurs années, il écrivait ce même 18 janvier 1946 : « Dans tes maux, mon cher frère, tâche d'être résigné et patient, en supportant tout pour l'amour de Jésus. »

Quelques mois plus tard, en août, il put se rendre à nouveau en pèlerinage à Notre-Dame de Lorette avec les malades du diocèse. Une fois encore, c'est le directeur de l'UNITALSI, le chanoine Baldassi, qui lui offrait le pèlerinage. Une fois encore le Provincial dut demander l'accord du Ministre général. Dans sa demande d'obédience, il présenta Padre Giacomo comme « infirme depuis de nombreuses années dans notre couvent d'Udine, où il est confesseur ordinaire de très nombreux prêtres[22] ». L'autorisation fut accordée. Le père Costanzo de San Martino di Lupari accompagna Padre Giacomo pour l'assister. Il témoignera que le voyage fut pénible au religieux malade, qu'il fut sujet à de « fréquentes crises » et qu'il dut prendre à plusieurs reprises les médicaments qu'il avait apportés[23]. Deux mois plus tard, alors que son

20. *Positio*, p. 61.

21. Déposition du P. Zaccaria de San Mauro, publiée dans *Positio*, p. 121.

22. Lettre dactylographiée du Provincial au Ministre général, le 2 août 1946, reproduite dans *Positio*, p. 428.

23. *Positio*, p. 270.

frère Antonio l'avait invité pour une fête de famille, il ne chercha même pas à demander à nouveau une obédience : « Je regrette beaucoup, cela ne sera pas possible parce que je ne me sens pas en mesure d'affronter un voyage qui me serait très difficile. »

Lui était déjà dans l'attente du ciel. Le 11 mars 1947, un an avant son décès, dans une lettre à sa sœur Cesira, à l'occasion de l'anniversaire de la mort de leur père, il écrivait : « Mon âme est bien mélancolique mais, en même temps, elle est résignée et soupire après le jour où elle pourra s'unir à nos chers parents dans la vie bienheureuse dont ils jouissent à présent. »

Chapitre 7

Mourir près de Notre-Dame

En juin 1947, le prince de Resuttano, un des dirigeants de l'UNILTASI pour la province de Venise, se confessa à Padre Giacomo, comme il le faisait régulièrement, dans la cellule-confessionnal du premier étage. Puis il échangea quelques mots avec lui. Il lui annonça que le mois suivant il participerait au pèlerinage à Lourdes organisé par les diocèses de Trente, d'Udine et de Venise. Le visage de Padre Giacomo s'illumina à cette annonce et il dit au prince : « Vous avez de la chance. » Il avait tant de dévotion pour Notre-Dame de Lourdes et ses apparitions au bord du Gave. Le prince lui dit qu'il était trop tard pour s'inscrire au pèlerinage de juillet, mais il se proposa de lui offrir une place dans le pèlerinage de l'année suivante, en juillet 1948.

Dès lors, reconnaissant envers son bienfaiteur, Padre Giacomo vécut pendant un an avec ce projet dans le cœur. Il lui fallait obtenir la permission de ses supérieurs. Lorsqu'il en parla pour la première fois au Gardien du couvent, le père Ermacora de Premariacco, celui-ci essaya de le dissuader à cause de son état de santé. « Les prêtres me veulent, ils veulent que j'y aille », répondit Padre Giacomo. En effet, les aumôniers du pèlerinage insistaient pour qu'il y participe. Une autre fois où le père

Ermacora faisait à nouveau des objections en considération de ses difficultés à se déplacer, Padre Giacomo fit valoir que les autres prêtres qui participeraient au pèlerinage l'aideraient[1].

« Je m'en vais à Lourdes pour y rester »

Dès le début, il semble que Padre Giacomo ait eu l'intuition qu'il ne reviendrait pas de Lourdes et qu'il y mourrait.

Le père Zaccaria de San Mauro n'avait pas revu Padre Giacomo depuis une quinzaine d'années. De passage au couvent d'Udine les 27 et 28 août 1947, il le trouva très affaibli : il ne pouvait plus se déplacer sans béquilles, avait dû renoncer à son lit et passait ses nuits assis sur un fauteuil. Pourtant, témoignera Père Zaccaria, « personne ne l'entendait se plaindre pour la gêne occasionnée et les souffrances, personne ne l'a surpris en état de détresse ou même seulement préoccupé par son mal[2] ».

De ses confrères, il apprit tous les détails de l'évolution de sa maladie et il put constater les lourdes contraintes qu'elle faisait peser sur sa vie quotidienne. Lorsqu'il demanda au Padre Giacomo comment il arrivait à surmonter ses souffrances et à accomplir son ministère, celui-ci lui répondit : « Je suis entre les mains du Seigneur. Le Seigneur m'aime en me donnant une occasion de souffrir quelque chose. Je suis serein, et tellement, tellement content parce que je peux encore me dédier au bien des âmes dans le confessionnal[3]. »

1. *Ibid.*, p. 76 et p. 79.
2. *Ibid.*, p. 121.
3. *Ibid.*, p. 135.

Il lui fit aussi une confidence : « Je vais à Lourdes, non pour demander la guérison à Notre-Dame, mais bien plutôt pour avoir la grâce de mourir près de son sanctuaire. Je sens que la Madone ne me refusera pas cette grâce. Je m'en vais à Lourdes pour y rester[4]. »

Bien sûr, il espérait avant tout faire un bon pèlerinage. À l'un de ses plus anciens pénitents, Giuseppe Del Fabbro, il dira : « Beppin, on m'a offert le voyage pour Lourdes et je prierai pour toi là-bas ; j'espère aussi pouvoir dire la messe à la Grotte[5]. »

Il ne fut pas insensible pourtant aux objections du Père Gardien et de certains de ses confrères. Il demanda conseil à Padre Pio, le célèbre capucin stigmatisé qui vivait dans le couvent de San Giovanni Rotondo, dans les Pouilles. Il lui écrivit une lettre et Padre Pio lui répondit. Les archives n'ont pas conservé trace de ces lettres, mais deux de ses confrères les évoqueront lors du procès de béatification. Au frère Barnaba de Nespoledo, Padre Giacomo dira avant son départ pour Lourdes : « Je vais si volontiers à Lourdes parce que Padre Pio de Pietrelcina me l'a écrit, m'invitant à le faire, parce que la Madone me veut là-bas[6]. » Frère Filippo, lui, témoignera : « Avant de partir il a écrit à Padre Pio et le Padre lui a répondu d'y aller, que la Madone l'attendait[7]. »

4. *Ibid.*, p. 112 et 119.

5. *Ibid.*, p. 139.

6. *Ibid.*, p. 61.

7. *Ibid.*, p. 222. Un autre religieux du couvent d'Udine, le P. Isaia de Sarcedo, dira, lors du procès de béatification : « Je sais seulement qu'avant sa mort Padre Giacomo a rencontré une fois Padre Pio » (*Positio*, p. 216). Une telle rencontre est bien impossible, Padre Pio n'ayant pas quitté le couvent de San Giovanni Rotondo pendant plus de cinquante ans et Padre Giacomo n'ayant quitté celui d'Udine que pour ses pèlerinages à Castelmonte et à Lorette.

« Notre-Dame m'appelle »

Le frère Accursio, dans un témoignage écrit rédigé en 1967, racontera comment Padre Giacomo attendait avec sérénité ce qu'il espérait être son ultime voyage : « Il parlait assez souvent de sa propre mort prochaine, avec une joie authentique. Il donnait l'impression qu'il savait quelque chose : "Je mourrai bientôt", disait-il. Il ajoutait : "Essaie de deviner où je mourrai." Nous, désirant savoir quelque chose de plus précis, lui demandions s'il voulait plaisanter. "Je ne plaisante pas du tout, ajoutait-il. Je mourrai bientôt, près de notre mère, près de la Madone[8]." » C'était une certitude qu'il confiait à certains de ses proches.

Pendant l'été 1948, le père Corrado de Tribano succéda au père Ermarico comme supérieur du couvent de la Via Ronchi. Dans les temps qui ont précédé immédiatement le départ de Padre Giacomo pour Lourdes, devant l'évidente détérioration de l'état de santé, il a cherché « de façon répétée », dira-t-il, à le dissuader. Mais Padre Giacomo répondait toujours avec une douce assurance : « La Madone m'appelle. Je dois y aller[9]. »

Un mois avant le début du pèlerinage, l'obédience fut demandée au Ministre général de l'ordre capucin. Il l'accorda le 23 juin 1948 avec ce motif : « Nous lui permettons de se rendre à Lourdes avec un train de malades en pèlerinage pour implorer sa propre guérison[10]. »

Padre Giacomo avait sans doute cette espérance dans son cœur, mais il doutait qu'elle se réalise. Il partait à Lourdes pour demander une autre grâce. À l'un de ses plus anciens pénitents, Martino Scovacricchi, il dira peu

8. *Positio*, p. 68.

9. *Ibid.*, p. 81.

10. Lettre du Ministre général au Provincial de Venise, le 23 juin 1948, citée dans *Positio*, p. 433.

avant son départ : « Je vais à Lourdes, mais je ne suis pas digne de guérir par un miracle, je vais mourir sous les ailes de la Madone[11]. »

Anna Carnà, une autre de ses pénitentes, habitait non loin du couvent. À la veille de son départ, Padre Giacomo, de passage dans la rue, frappa à sa fenêtre et lui dit : « Tu sais, Ninina, demain je pars à Lourdes. Je vais voir *Madoninna* (la petite Madone) et je sais que je ne reviendrai pas[12]. »

L'ultime *Magnificat*

Il fut le seul religieux de son couvent à participer au pèlerinage. L'aumônier général en était le père Egidio Barbuiani, un franciscain de Trieste, assisté de plusieurs prêtres, diocésains ou religieux.

Le 20 juillet 1948, à 4 heures du matin, il célébra la messe à l'autel de Notre-Dame de Lourdes. Puis il prit une légère collation et prépara son maigre bagage. Il avait la conviction qu'il ne reverrait plus son couvent et que Lourdes serait l'ultime étape de son voyage terrestre. C'était une certitude qu'il avait en lui, comme une sorte de promesse secrète qui lui avait été faite. Les religieux du couvent n'avaient, à vrai dire, pas prêté attention à cette certitude qui habitait Padre Giacomo. Ils savaient seulement que ce pèlerinage lui tenait à cœur, qu'il y allait comme à un rendez-vous avec la *Madonna di Lourdes* pour laquelle il avait tant de vénération.

Une voiture vint le chercher au couvent pour le conduire à la gare d'Udine. Il y attendit le train de

11. *Positio*, p. 158.
12. Déposition d'Anna Carnà au procès de béatification, *Positio*, p. 92.

l'UNITALSI qui venait de Trieste. Des fidèles et des pénitents vinrent le saluer. À 5 heures du matin, le train entra en gare d'Udine. Les wagons n° I et n° II étaient des wagons équipés de brancards pour les malades. Dans chacun de ces wagons était présent un aumônier capucin, le père Zenone de Pescantina, du couvent de Vicenza, et le père Stanislao de Bassano, du couvent de Padoue. Padre Giacomo, lui, prit place dans le wagon n° VI, qui comportait plusieurs modestes compartiments de 3e classe, avec des sièges en bois. Il avait une place près de la fenêtre. Il partageait son compartiment avec quatre autres pèlerins et malades, dont le docteur Angelo Menoni qui, lui-même souffrant, veilla néanmoins sur lui.

Le train s'arrêta dans de nombreuses gares avant d'arriver à Lourdes. À la gare de Vicenza, Padre Giacomo put s'entretenir un moment avec une de ses sœurs qu'il n'avait pas vue depuis quatorze ans et qu'il avait prévenue de son passage.

Pendant le voyage, qui dura trente-cinq heures, il ne put s'allonger, essayant de dormir sur son siège en bois. Durant le trajet, on lui administra les médicaments qu'il avait apportés[13]. Dans la matinée du 21 juillet, il se sentit mal. Il avait de la fièvre et transpirait beaucoup. Il demanda à se confesser. Le père Zenone de Pescantina fut appelé. Après s'être confessé à lui, Padre Giacomo lui confia encore : « Je vais à Lourdes pour demander à la Vierge Marie la grâce de guérir ou celle de mourir et de rester près d'elle, dans sa terre bénie[14]. »

Le train arriva à Lourdes le 21 juillet vers 16 heures. En cette chaude journée d'été, après un si long et incommode

---

13. Témoignage de Dorina d'Este Bruseschi, infirmière de l'Hospitalité Notre-Dame de Lourdes et pénitente de Padre Giacomo, en date du 1er décembre 1952, publiée dans *Positio*, p. 231-233.

14. *Positio*, p. 232.

voyage, Padre Giacomo était toujours fiévreux et fatigué. Il souhaita néanmoins se rendre aussitôt à la Grotte des Apparitions. Le directeur sanitaire du train, le docteur Francesco Cattaneo, jugea ce désir peu raisonnable. Il estima plus prudent que Padre Giacomo prenne d'abord un peu de repos. Il le fit mettre sur un brancard et le fit transporter jusqu'à l'Asile Notre-Dame-des-Douleurs. Cette maison d'accueil pour les malades, située non loin des sanctuaires, était dirigée par les Sœurs de Marie Saint-Frai, du nom de leur fondatrice.

Une garde-malade de l'UNITALSI, Emilia Zuccato, veilla à son chevet. Ils bavardèrent un moment, puis Padre Giacomo demanda à réciter ensemble le chapelet. À la fin, il s'endormit apparemment de façon paisible. L'infirmière de service, Natale Giaretta, jugeant que la fièvre était encore trop élevée, demanda au docteur Cattaneo de l'examiner[15]. Il prescrivit des injections de camphre coramine. À 9 heures et quart du soir, les deux aumôniers capucins du pèlerinage, les pères Zenone et Stanislao, vinrent rendre visite au malade. Ils témoigneront que Padre Giacomo respirait difficilement, mais il semblait dormir. Ils essayèrent de lui parler sans obtenir d'autre réponse que quelques monosyllabes incompréhensibles. Ils interrogèrent le médecin de garde qui jugea que son état n'était pas préoccupant. Il dira aux religieux : « Laissons-le dormir. » Les deux capucins retournèrent à leur hôtel, non sans avoir demandé à l'aumônier du pèlerinage, qui était présent pour la nuit, de veiller sur leur confrère[16].

---

15. Témoignage de Natale Giaretta, en date du 24 novembre 1952, publié dans *Positio*, p. 230.

16. Leurs deux témoignages seront publiés dans la *Positio*, p. 225-227.

Quelque temps après, Padre Giacomo se réveilla. Il était heureux d'être à Lourdes. Il chanta le *Magnificat* d'une faible voix. Mais sa garde-malade, constatant l'affaiblissement de son état, fit appeler le père Egidio Barbuiani, l'aumônier du pèlerinage. Celui-ci jugea plus prudent d'administrer l'extrême-onction au religieux qui commençait à tomber dans le coma et qui poussait des râles. Son voisin de chambrée, le père Diego Bressan, lui aussi alité mais conscient, a témoigné qu'après la prière des mourants récitée par le père Egidio, Padre Giacomo « a commencé à chanter de façon impromptue le *Salve Regina* » puis à moitié conscient, il a encore eu la force de chanter d'une faible voix le *Credo* de la Messe des Anges[17]. D'autres témoins ont rapporté l'avoir entendu chanter la préface de la messe du jour. Pourquoi avait-il en mémoire cette préface ? Sans doute parce que ce jour était le dix-neuvième anniversaire de son ordination sacerdotale et qu'il en avait gardé le souvenir liturgique.

Vers 23 heures, enfin, selon le témoignage du père Egidio, Padre Giacomo expira, le chapelet entre les doigts, le visage serein, sans plainte, la bouche entrouverte comme s'il continuait à chanter ou à parler. Étaient présentes plusieurs infirmières et plusieurs religieuses de l'Asile. Ce sont elles, sans doute, qui dans les jours suivants diront « avoir vu mourir un saint », dont elles ne savaient rien, sinon qu'elles avaient assisté à sa mort aussi paisible qu'inattendue.

Mgr Prosdocimi, président de l'UNITALSI pour la Vénétie, dira que « Padre Giacomo devait être un fils privilégié de la Vierge Immaculée pour avoir vu son désir être si rapidement exaucé. Elle n'avait pas voulu qu'il voie sa statue dans la Grotte, mais elle l'avait appelé

17. *Positio*, p. 264.

aussitôt à faire partie de sa gloire dans le Ciel[18] ». Mourir à Lourdes, à deux pas de la Grotte des Apparitions, était une sorte de miracle que Padre Giacomo avait obtenu dès son arrivée dans cette terre visitée par Notre-Dame.

Sa dépouille mortelle fut placée dans la petit chapelle de l'Asile Notre-Dame et veillée à tour de rôle par des religieuses. Le lendemain, un télégramme avertit sobrement le Provincial de Venise : « Padre Giacomo est passé à une vie meilleure. » Dans l'après-midi, devant tous les pèlerins italiens rassemblés près de la grotte, Don Giovanni Rossi, directeur du pèlerinage *Pro Civitate Christiana*, annonça la mort de Padre Giacomo et évoqua brièvement sa vie. La chronique du couvent d'Udine rapporta en quelques lignes éloquentes : « Une très triste nouvelle : Padre Giacomo est mort à peine arrivé à Lourdes. La Sainte Vierge, au lieu de lui obtenir le salut physique, a pris dans le Ciel, sur sa terre de prédilection, ce serviteur fidèle qui l'aimait si tendrement[19]. »

Le 23 juillet, à 9 h 30, les funérailles eurent lieu dans l'église paroissiale du Sacré-Cœur, de l'autre côté du Gave. La messe fut célébrée par le père Stanislao, un des aumôniers du pèlerinage, en présence de nombreux pèlerins italiens et d'autres fidèles. Elle fut chantée par tous les prêtres et religieux italiens présents à Lourdes, auxquels se joignirent des prêtres français qui ignoraient tout de ce capucin d'Udine, sinon qu'il était mort à peine arrivé à Lourdes.

Puis son cercueil fut conduit jusqu'au grand cimetière communal de la rue Langelle, sur les hauteurs de Lourdes. Le cortège funéraire, parti de l'église du Sacré-Cœur, s'allongeait tout au long du trajet parce que nombre

18. *Ibid.*, p. 232.
19. Chronique citée dans *Positio*, p. 446.

de fidèles le rejoignaient sans savoir vraiment qui allait être enterré. Des pèlerins d'Udine diront au retour au Gardien du couvent : « À la nouvelle de sa mort, l'idée s'est répandue – même parmi les Français – qu'un saint était mort[20]. »

Padre Giacomo fut inhumé à l'écart, dans le secteur du cimetière réservé aux pèlerins décédés à Lourdes, près du mur d'enceinte. Sa tombe, sans pierre, était seulement couverte d'une grande croix de bois et ne portait qu'un numéro : 535.

Fama sanctitatis

Très rapidement, la tombe de ce religieux mort loin de sa patrie devint un lieu de pèlerinage. Un prêtre d'Udine, qui avait été son pénitent, et qui vint en pèlerinage à Lourdes en septembre 1948 – soit deux mois après la mort de Padre Giacomo –, témoignera qu'il a vu « sa tombe couverte de fleurs fraîches » et qu'il a appris alors que « beaucoup de personnes, même des Français, venaient se recueillir sur sa tombe, considérant Padre Giacomo comme une personne à vénérer[21] ». Cette réputation de sainteté et d'intercesseur ira grandissante. Ce sera un contraste étonnant de voir une tombe modeste, dans une ville où personne ne l'avait connu, être visitée et fleurie tout au long de l'année. Le Ministre général des Capucins, de passage à Lourdes en 1949, constatera la dévotion grandissante envers Padre Giacomo et un prêtre français lui demandera des informations biographiques sur le capucin mort à Lourdes.

---

20. *Positio*, p. 83.
21. *Ibid.*, p. 22.

Cette même année, à l'initiative de plusieurs fidèles, la tombe de Padre Giacomo fut déplacée. Bien qu'elle soit située à l'écart dans le grand cimetière, et difficile à trouver, elle attirait de plus en plus de monde. Sans qu'une association se soit constituée, tout au long de l'année, en provenance de plusieurs pays, des pèlerins venaient prier sur la tombe du capucin, demander son intercession ou remercier pour une grâce reçue. L'idée de transférer la tombe dans un endroit plus accessible du cimetière, au centre, s'imposa naturellement. Un fidèle de Paris, Georges Soustre, fut le principal organisateur du transfert[22]. Il était tertiaire franciscain, familier de Lourdes et avait reçu une grâce à l'intercession de Padre Giacomo. Il obtint l'accord des autorités capucines pour faire transférer le cercueil de Padre Giacomo. Avec Louise Beaunier, propriétaire de l'Hôtel Sainte-Marie-Madeleine à Lourdes, et Francesco Vuga, ancien pénitent de Padre Giacomo et dont le fils avait été guéri à son intercession, il s'occupa de récolter des fonds pour acheter une concession à perpétuité au centre du cimetière et faire édifier un beau tombeau en pierre.

La cérémonie d'exhumation eut lieu tôt le matin du 15 octobre 1949, en présence du supérieur de la Province capucine de Toulouse, de deux religieux de cette province et de Georges Soustre qui en a laissé le récit[23]. Le cercueil fut ouvert. À l'étonnement de tous, « le corps se trouvait en bon état de conservation bien que déshydraté. Un

22. À cette époque, tous ignoraient que Georges Soustre était un des nombreux pseudonymes d'Emanuele Brunatto – et la *Positio* l'ignore encore. Brunatto était un fils spirituel de Padre Pio, et avait eu auprès de lui un rôle controversé dans les années 1920 et 1930. Ses activités en France, sous l'Occupation, lui avaient valu une condamnation judiciaire (voir Yves Chiron, *Padre Pio. Vérités, mystères, controverses*, Tallandier, Paris, 2019).

23. Publié dans *Positio*, p. 455-456.

voile couvrait son visage, qu'on ne voulut pas enlever parce qu'il semblait coller fortement à la peau. Les mains étaient en parfait état, bien que la couleur tendît un peu au blanc-gris. » Le corps de Padre Giacomo, laissé dans le cercueil primitif, fut placé dans un autre cercueil, en chêne, doublé de zinc.

Puis la translation dans la nouvelle tombe eut lieu dans la matinée, en présence de Mgr Méricq, curé de Lourdes, d'un représentant des Sanctuaires, du maire-adjoint de Lourdes et de nombreux prêtres, religieuses et fidèles. Sur la stèle érigée sur le nouveau tombeau sont gravés le blason des Franciscains et leur devise : *Pax et Bonum*, avec, en dessous, une petite plaque : *Padre Giacomo da Balduina prega per noi* (Père Giacomo de Balduina priez pour nous).

Un mois plus tard, le père Giancrisostomo de Citadella, qui connaissait bien Don Trentin, le curé de Balduina, l'informa de la *fama di santità* (réputation de sainteté) grandissante de Padre Giacomo et lui suggéra de commencer à recueillir des témoignages et des souvenirs auprès de ceux qui l'avaient connu (sa famille, ses camarades d'école, etc.). C'est en janvier 1950, dans la revue des Capucins de Toulouse, *Les Voix franciscaines*, que parut le premier article consacré à Padre Giacomo. L'article, non signé mais rédigé sans doute par Georges Soustre, portait significativement comme titre : « Un futur saint au cimetière de Toulouse ? »

« Cette tombe renferme un saint »

Depuis le début, la tombe de Padre Giacomo fut « une tombe vivante », couverte tout au long de l'année de fleurs, auxquelles s'ajouteront bientôt des ex-voto, des petites bougies, des statues de la Vierge.

En septembre 1951, le père Damaso de Celle Ligure, du couvent de Gênes, vint en pèlerinage à Lourdes. Il se rendit aussi sur la tombe de Padre Giacomo. De retour dans son couvent, il écrivit au Procureur général de l'ordre capucin pour lui décrire comment la dévotion envers Padre Giacomo se développait de façon spontanée : « J'ai visité sa tombe et j'ai trouvé une mère de famille qui m'a dit qu'elle avait promis de porter des fleurs au Padre Giacomo tous les samedis en remerciement d'une grâce demandée et reçue. J'ai demandé à cette femme qui lui avait transmis cette dévotion pour le Padre Giacomo et elle m'a dit qu'une lingère de Lourdes, qui elle aussi avait reçu une grande grâce, lui avait enseigné ce moyen pour obtenir la promotion de son fils qui était resté bloquée par quatre fois bien qu'il ait étudié de toutes ses forces. Un défaut de nature l'empêchait de pouvoir obtenir la promotion : de façon inespérée Padre Giacomo, à qui elle avait confié cette cause, lui a obtenu cette grâce !

De tels faits arrivent souvent, m'a dit une autre femme du peuple et chaque semaine Padre Giacomo fait des grâces et tous les jours. Particulièrement le dimanche, sa tombe est visitée par les fidèles. Même de Belgique on vient sur cette tombe pour demander des grâces et on réclame aussi la photographie de la tombe. »

Il avait interrogé aussi le curé de la paroisse et le gardien du cimetière. « J'ai demandé comment est née cette dévotion : les gens disent que tous viennent spontanément, sans que personne ait fait de propagande, parce qu'ils sentent que cette tombe renferme un saint[24]. »

Seize ans plus tard, Don Mario Toller (1918-1981), venu d'Udine, et qui préparait le premier livre sur Padre Giacomo, mena lui aussi une enquête sur sa « réputation

24. *Positio*, p. 205.

de sainteté ». Une employée du Grand Hôtel d'Angleterre lui dira : « Ici, tout le monde le connaît ; ici, tout le monde le vénère comme un saint. Si vous saviez combien de grâces sont obtenues par l'intercession de ce père ! »

Le gardien du cimetière, lui, témoignera : « Cette tombe est le but d'un pèlerinage ininterrompu, été comme hiver. Je peux même témoigner qu'elle est la seule à être fleurie également pendant la saison hivernale et qu'elle est la première que la lumière du soleil fait apparaître après les grandes chutes de neige. Je ne peux malheureusement pas satisfaire les demandes des innombrables visiteurs qui, avec insistance, me demandent une photographie du père ou une biographie. [...] Chez nous, tout le monde connaît et vénère le serviteur de Dieu. »

L'abbé Toller décrivait aussi la tombe : « Nous posons notre regard sur la plate-bande qui embaume à nos pieds : seize pots sont remplis de fleurs naturelles et artificielles ; une trentaine de pots en céramique sont placés à même le sol... Nous nous penchons pour compter les “souvenirs de Lourdes” et les petites plaques de marbre sur lesquelles sont gravées les cinq lettres “merci” en reconnaissance pour une grâce reçue, et nous en dénombrons quatre-vingts. Nous avons l'impression que ces quatre-vingts témoignages ne sont que quelques-unes des pages d'un livre particulièrement volumineux que les bénéficiaires, connus et inconnus, devraient écrire. »

Grâces et guérisons

De son vivant déjà, on l'a vu, plusieurs grâces et guérisons furent attribuées à l'intercession de Padre Giacomo. Après sa mort, elles furent encore plus nombreuses et, pour ainsi dire, incessantes. Les premiers livres et articles consacrés à Padre Giacomo rapportent tous de nombreux cas, même si l'historien doit souvent regretter que les faits ne soient pas davantage circonstanciés (nom du bénéficiaire, date, nom des médecins traitants, etc[25].). On ne citera que quelques cas, qui illustrent la diversité des moyens par lesquels les fidèles ont fait appel à l'intercession de Padre Giacomo.

Un jeune homme de 28 ans des environs de Lourdes fut victime d'un grave accident automobile. Il resta dans le coma pendant un mois et demi. Sa mère, désespérée de l'impuissance des médecins, décida de venir tous les jours prier sur la tombe de Padre Giacomo pour implorer son aide et celle de sainte Bernadette. « Mon fils, dira-t-elle, après un mois et demi d'inconscience, a repris connaissance. Le rétablissement a été total. "Un vrai miracle" ont dit les médecins. »

Autre cas : « Ma fille âgée de 11 ans, à la suite d'une grippe avec complications, était restée près de trois semaines sans pouvoir s'alimenter et surtout elle avait perdu l'usage de la parole. Conduite sur la tombe du Père, elle a parlé immédiatement et son état de santé est redevenu normal. »

À Udine, en 1971, une mère de famille, Armelina Della Nagra, « désespérée par l'insuccès d'une intervention chirurgicale sous le genou de la jambe droite de son fils de 15 ans, s'adressa avec foi à Padre Giacomo pour obtenir la complète guérison de son fils, sans recourir à une nouvelle opération. Pendant sa prière, elle ressentit la présence du Serviteur de Dieu et à partir de ce moment la guérison fit, de façon inespérée, de tels progrès qu'un

25. R. Fuga, « Le père Jacques Balduina, prêtre et victime », dans *La Vierge des Pauvres,* n° 99, mars-avril 1973, p. 13-17 et *Appelé par Notre-Dame à Lourdes, op. cit.*, p. 75-77.

nouveau plâtre ne fut pas nécessaire et que tout redevint normal chez l'enfant. »

Lors du procès de béatification, d'autres témoignages de grâces ou de guérisons obtenues seront rapportés, de façon souvent plus rigoureuse et circonstanciée que dans les écrits précédents.

Martino Scovacricchi avait 11 ans lorsqu'il fit la connaissance de Padre Giacomo, en 1932. Le religieux capucin devint son confesseur et son directeur spirituel. Lors du procès de béatification, Martino Scovacricchi – qui était devenu député – a témoigné de deux « faits miraculeux » dont sa famille a été le témoin[26]. En janvier 1950, sa fille Maria Giustina, qui n'avait que 20 jours, fut atteinte de crises de spasmophilie qui se répétaient et inquiétaient les médecins. Il témoignera : « Je me suis rendu avec mon épouse à l'église des Capucins de la Via Ronchi et j'ai déposé en don mon anneau de mariage sur l'autel de Notre-Dame de Lourdes ; avec une grande piété, nous avons invoqué ensemble l'aide de Padre Giacomo pour qu'il intercède pour nous. À partir de ce moment, notre fille, après un long sommeil, s'est vite rétablie et n'a plus jamais eu ensuite de symptôme de cette maladie. »

Quatre ans plus tard, un autre de leurs enfants, Tiziano, âgé de 6 mois, fut atteint en juin 1954 d'une pyodermite (infection de la peau) aiguë, avec des abcès qu'il fallait inciser et combattre avec des antibiotiques. Cette thérapie affaiblit l'organisme du nourrisson qui fut bientôt atteint d'une bronchite spastique qui aurait pu lui être fatale. Au mois d'août suivant, un religieux capucin rendit visite, à la demande de ses parents, au petit Tiziano qui se trouvait dans un état grave à l'hôpital d'Udine. Il

26. *Positio*, p. 159.

le bénit et toucha son corps avec l'étole qu'avait utilisée Padre Giacomo pour ses confessions. « Dès ce moment, témoignera son père, Tiziano recommença à respirer normalement et peu à peu guérit. Depuis il n'y a plus jamais eu signe de cette maladie. »

À la même époque, vers 1950, un jeune homme de 19 ans, atteint d'une tumeur endocrinienne, était hospitalisé à Lourdes. Il fut bientôt considéré comme inguérissable et fut rendu à sa famille pour qu'il meure entouré des siens. Sa mère, confiante en l'intercession de Padre Giacomo, commença aussitôt une neuvaine et se rendit chaque jour sur la tombe du capucin. Le père Zaccaria de San Mauro qui a eu connaissance de ce cas précisera lors du procès de béatification : « Au neuvième jour, dans la nuit, le jeune homme assis sur son lit appela sa mère lui demandant à manger. Il était guéri. Les signes extérieurs du mal avaient disparu du visage. Le jour suivant, les médecins, à leur grand étonnement, ont confirmé la guérison[27]. »

Le procès de béatification contient bien d'autres témoignages relatifs à des guérisons obtenues à l'intercession de Padre Giacomo. Par exemple, celle du père Antonio Elia, d'Udine, qui, en mars 1962, atteint d'une ostéite au fémur gauche, avec risque de diffusion, s'est rendu en pèlerinage à Lourdes et a prié sur la tombe de Padre Giacomo. Il a ressenti « quelque chose d'insolite dans le membre malade. À son retour à Udine, le directeur de l'hôpital constatait, avec un examen radiologique, la guérison complète du fémur gauche. Un nouvel examen, trois mois plus tard, confirmait la parfaite guérison[28] ».

27. *Ibid.*, p. 114 et 138.
28. *Positio*, p. 29 et *Appelé par Notre-Dame à Lourdes*, *op. cit.*, p. 75.

Le Procès de béatification

La conviction que Padre Giacomo était un saint et qu'une procédure de béatification devait être engagée fut d'abord répandue chez les laïcs, parmi ceux qui l'avaient connu comme confesseur à Udine et parmi les fidèles de Lourdes ou d'ailleurs qui, eux, ne l'avaient jamais rencontré, mais avaient reçu, par son intercession, des grâces ou des guérisons.

Les Capucins, eux, étaient divisés. Même parmi ceux qui avaient vécu avec lui en communauté, de façon plus ou moins longue, les avis n'étaient pas unanimes. Certains furent favorables dès l'origine à l'ouverture d'un procès de béatification, tel le père Zaccaria de San Mauro qui l'avait connu dès leurs études communes à Vienne, ou le père Rovigo qui avait vécu avec lui les mois si difficiles de 1945 dans le cimetière d'Udine. D'autres, sans nier ses vertus, jugeaient qu'elles n'avaient rien eu d'exceptionnel. Ainsi le père Venanzio de Chioggia qui avait connu Padre Giacomo à différentes époques de sa vie religieuse et dans différents couvents (à Vérone, Thiene, Venise et Udine). Même si ce fut de façon discontinue, au total il avait passé sept années à ses côtés. Il estimait que Padre Giacomo avait certes été un bon religieux, fidèles à ses vœux et zélé, mais qu'il n'avait pas été « héroïque » dans la pratique des vertus. Il faisait valoir deux arguments[29]. D'une part, il s'interrogeait sur les conséquences de la maladie dont était affecté Padre Giacomo : « À plusieurs reprises, je me suis demandé si Padre Giacomo, suite à sa maladie, souffrait peu ou beaucoup : si ses souffrances étaient grandes, on peut considérer que Padre Giacomo était un héros ; si l'encéphalite léthargique faisait moins ressentir

29. *Positio*, p. 168-169.

la douleur, dans ce cas Padre Giacomo était un malade ordinaire qui se comportait comme un bon chrétien et un confesseur zélé. » D'autre part, il estimait que Padre Giacomo étant « dispensé des obligations les plus sévères de la vie religieuse [capucine] : le lever de nuit, les pieds nus dans les sandales, les trois jeûnes annuels imposés par l'ordre, les offices au chœur », sa vie religieuse n'avait rien eu d'héroïque. Cette énumération n'est pas exacte et on a vu que contrairement à ce que croyait le père Venanzio, Padre Giacomo n'a pas usé en permanence de certaines dispenses qui lui avaient été octroyées.

Le père Fernando de Riese Pio X, capucin de la province de Venise, ordonné prêtre en 1951, fut longtemps hostile à l'ouverture de sa cause de béatification. Auteur de nombreuses hagiographies, il n'avait pas connu Padre Giacomo. Quand en 1968 ses supérieurs lui demandèrent d'écrire sa biographie, il étudia le dossier, recueillit des témoignages, se rendit sur sa tombe à Lourdes, constata la dévotion qui était née spontanément et fut convaincu qu'il pouvait être canonisé.

Padre Pio lui-même aurait considéré son ancien confrère d'Udine comme un saint. À une fidèle de Lourdes venue à San Giovanni Rotondo il aurait déclaré : « Vous avez dans votre cimetière la dépouille de Padre Giacomo, mon confrère. *Onorate la sua tomba* [Honorez sa tombe[30]]. »

Au début des années 1970, des discussions eurent lieu dans les différents couvents de la province capucine de Venise sur l'opportunité d'ouvrir une procédure en vue de la béatification et de la canonisation de Padre Giacomo. Certains religieux y furent favorables, d'autres hostiles ou hésitants. Le père Anastasio d'Istrana, qui

30. Propos rapporté par le P. Isaia de Sacerdo dans sa déposition au procès de béatification, *Positio*, p. 216.

avait vécu avec Padre Giacomo au couvent d'Udine pendant deux années, de 1943 à 1945, redira son hostilité lors du procès de béatification : « J'ai vu dans le père Giacomo un bon frère comme tant d'autres, mais je n'ai rien trouvé en lui d'extraordinaire et de hors du commun. [...] Bien qu'il soit un confrère vertueux, je n'ai jamais pensé qu'il possédait des vertus extraordinaires[31]. » D'autres estimaient que, la cause de béatification du père Leopoldo de Castelnuovo étant déjà ouverte, ouvrir celle du Padre Giacomo serait inopportun. D'autres encore préféraient l'ouverture de la cause du père Arcangelo de Rivai (1886-1953), le saint confesseur de Castelmonte que nous avons déjà évoqué.

En revanche, des religieux, qui avaient connu Padre Giacomo à différentes époques, estimaient justifiée et opportune l'ouverture de sa cause de béatification, notamment deux religieux qui avaient été ses professeurs et qui étaient devenus supérieurs de la province capucine de Vénétie : le père Paolino de Premariacco, Provincial au moment de la mort de Padre Giacomo, et le père Zaccaria de San Mauro, qui lui succéda dans cette charge.

Le 17 mars 1973, le définitoire de la province capucine de Venise décida d'engager la procédure préalable. Le 23 mai 1975, le père Carlo Pastorella fut nommé vice-postulateur pour préparer l'ouverture de la cause de béatification. L'ouverture d'un procès de béatification doit se faire dans le diocèse où le futur saint est décédé ou dans le diocèse où il a passé la plus grande partie de sa vie. Le 28 octobre 1977, le père Bernardino de Sienne, postulateur général de l'ordre capucin, demanda à l'évêque de Lourdes que la cause soit ouverte dans le diocèse d'Udine, où Padre Giacomo avait passé les seize dernières années

31. *Ibid.*, p. 102-103.

de sa vie, et non dans celui de Tarbes et Lourdes où il était mort. L'évêque de Lourdes donnera, le 11 novembre suivant, une réponse positive et le 2 décembre la Congrégation pour les causes des saints donnera son *placet*.

Le 2 janvier 1978, le père Bernardino de Sienne présenta à l'archevêque d'Udine le *Supplex libellus* – un rapport supplémentaire – pour que soit ouverte la cause. Le plaidoyer qu'il faisait est un exposé très clair des motifs qui permettent de considérer que Padre Giacomo fut un « saint confesseur » et que sa béatification et sa canonisation pourraient utilement remettre en lumière le ministère si important de la confession :

> L'activité de Padre Giacomo, au cours de sa courte existence de quarante-huit ans, dont vingt-deux dans le monde et vingt-six au couvent, se limita, en tant que malade, à souffrir, et, en tant que prêtre, à dispenser le pardon dans le sacrement de la réconciliation.
> Dans la première activité, il montre comment un chrétien parvient avec l'aide d'en-haut à affronter la souffrance, tant physique que morale, sans se plaindre, et même avec le sourire, voire en s'offrant à Dieu comme victime pour la sanctification des prêtres.
> Ensuite, dans le ministère de la confession exercé dans la ville d'Udine pendant seize années, avec la même constance et la même bonté que son contemporain saint Léopold Mandic de Castelnuovo à Padoue, il montra comment ce ministère caché auprès des âmes réussit à valoriser la vie d'un prêtre et à soutenir ses frères dans la grâce et le bien. Il a été, tout spécialement pour les prêtres du diocèse d'Udine, ce que saint Léopold Mandic fut dans celui de Padoue : en lui se manifesta la miséricordieuse bonté de Dieu.

> Dieu qui élève les humbles a appelé et continue d'appeler auprès de la tombe de Padre Giacomo d'innombrables personnes qui prient et obtiennent des grâces, et apprennent surtout, à son exemple, comment un chrétien zélé peut réussir à compenser un manque de santé et de qualités extraordinaires par une donation à Dieu particulièrement féconde au service des frères les plus nécessiteux.
> Les prêtres apprendront aussi de l'exemple de Padre Giacomo que leur ministère pastoral, bien que caché et éprouvant, est la source assurée de leur sanctification personnelle. Et à notre monde actuel, qui a toujours besoin de purification et de pardon, il montrera que la vie sacramentelle, confiée par le Christ à son Église, poursuit l'œuvre salvifique de Jésus, envoyé par le Père pour rechercher et sauver les pécheurs[32].

Dans les mois suivants, plusieurs lettres postulatoires – lettres demandant l'ouverture de la cause de béatification – furent envoyées au pape Paul VI. Notamment, le 17 juin 1978, une lettre écrite par le cardinal Luciani, patriarche de Venise – le futur pape Jean-Paul Ier – au nom de la conférence épiscopale des Trois Vénéties et, le même jour, une lettre de Mgr Girolamo Bortignon, évêque de Padoue, qui appartenait lui aussi à l'ordre capucin. Il avait été pendant six ans le supérieur provincial de Padre Giacomo. Il le présentait comme une « figure exemplaire de religieux et de pasteur d'âmes » et affirmait : « Je suis convaincu que la glorification de Padre Giacomo contribuera à mettre encore davantage en lumière dans l'Église

---

32. Texte publié dans *Appelé par Notre-Dame à Lourdes*, *op. cit.*, p. 66-67.

de Dieu le sacrement de la pénitence et le rôle irremplaçable du ministère de la confession. »

Le 15 octobre 1982, la Congrégation pour les causes des saints autorisait l'ouverture d'un procès canonique pour enquêter sur la vie et les vertus de Padre Giacomo, qui désormais avait droit au titre de Serviteur de Dieu. Le procès de béatification dans sa phase diocésaine fut ouvert le 25 février 1984 par Mgr Alfredo Battisti, archevêque d'Udine. Il constitua un Tribunal ecclésiastique qui permit d'interroger, sous serment, 54 témoins : 3 évêques, 22 religieux capucins, 14 prêtres diocésains et 15 laïcs. Certains ajouteront à leur déposition orale un ou plusieurs témoignages écrits. Chacun a dû répondre à vingt questions qui portaient sur la vie de Padre Giacomo, sa vie religieuse dans l'ordre capucin, la façon dont il a pratiqué les vertus théologales (la foi, l'espérance, la charité envers Dieu et envers le prochain) et les vertus cardinales (prudence, justice, force et tempérance), la *fama sanctitatis* (réputation de sainteté) qui l'entourait de son vivant et depuis sa mort, les grâces qui sont attribuées à son intercession.

Le Vénérable Padre Giacomo

Le procès diocésain fut achevé le 18 novembre 1989. Les pièces volumineuses en furent envoyées à la Congrégation pour les causes des saints qui en fit un premier examen. Elle publia le 11 mars 1994 un décret reconnaissant la validité du procès diocésain. Puis, le 23 septembre suivant, le père Cristoforo Bove, franciscain conventuel, fut nommé Rapporteur de la cause. À ce titre il rédigea une *Positio*, un volume de plus de 500 pages qui comprend notamment le texte complet des dépositions orales ou écrites des 54 témoins interrogés par le tribunal ecclésiastique d'Udine. En conclusion, il relevait ce qui avait distingué la vie de Padre Giacomo :

- La confiance en la bonté de Dieu,
- La foi simple de l'enfant qui s'abandonne à la volonté du Seigneur,
- La prière continue,
- Le zèle dans le ministère de la confession,
- La dévotion filiale envers Marie où prend forme la force de sa spiritualité,
- La foi profonde en l'eucharistie et le sacrifice de la sainte messe,
- La souffrance acceptée avec une humble patience et une force héroïque,
- L'offrande de son sacrifice quotidien pour le bien des prêtres et pour la conversion des âmes[33].

Cette *Positio* fut remise le 21 juillet 2001 à la Congrégation pour les causes des saints. Elle fut soumise ensuite à l'examen de huit consulteurs théologiens désignés par la Congrégation. Le 13 octobre 2016, ils se réunirent pour rendre chacun leur rapport et voter sur l'héroïcité des vertus de Padre Giacomo. A-t-il exercé sur un mode héroïque les vertus théologales de foi, d'espérance et de charité envers Dieu et envers le prochain, et les vertus cardinales de prudence, justice, force et tempérance? À l'unanimité, les huit consulteurs émirent un vote favorable. En conséquence, le 16 juin 2017, fut promulgué le décret reconnaissant les vertus héroïques de Giacomo de Balduina, qui porte désormais le titre de vénérable.

33. *Positio*, p. 499.

Il rejoint ainsi la cohorte des capucins dont l'Église a reconnu la sainteté ou l'authenticité du chemin vers la sainteté. À ce jour, l'ordre capucin compte 16 saints, 103 bienheureux, 37 vénérables et 40 serviteurs de Dieu dont la cause est ouverte[34].

Pour que le Vénérable Padre Giacomo soit proclamé bienheureux, il faut qu'un miracle accompli par son intercession soit reconnu comme valide. La béatification puis la canonisation de Padre Giacomo devraient permettre de porter sur les autels un capucin qui, comme saint Padre Pio de Pietrelcina et saint Leopoldo de Castelnuovo, a montré que par la confession et l'absolution la miséricorde de Dieu est ouverte à tous. Elle serait aussi, pour les grands malades et les handicapés, l'exemple admirable qu'une vie diminuée au regard des hommes peut rester une vie ouverte à l'accueil, à la charité et au don de Dieu.

34. Lettre du P. Carlo Calloni, postulateur général de l'ordre capucin, à l'auteur, le 26 janvier 2022.

Remerciements

Ma gratitude va d'abord à Mgr Nicolas Brouwet, évêque de Tarbes et Lourdes de 2012 à 2021, aujourd'hui évêque de Nîmes, qui m'a confié le soin de rédiger cette biographie historique de Padre Giacomo.

Mes remerciements vont aussi au P. Rodolfo Saltarin, vice-postulateur de la cause de Padre Giacomo, au P. Carlo Calloni, postulateur général des causes de l'ordre capucin, et au P. Gabriele Ingegneri, spécialiste de l'histoire des Capucins en Vénétie, qui m'ont communiqué d'utiles informations et documents.

Je remercie également Pierre Moracchini qui m'a accueilli et utilement guidé à la Bibliothèque franciscaine des Capucins, à Paris.

Sources et bibliographie

Procès de béatification

Positio super virtutibus, Congrégation pour les causes des saints, Rome, 2000, 500 pages.

Positio super scriptis – Commissionne storica – Decreto « De non Cultu », Rome, Congrégation pour les causes des saints, 2000, 44 pages.

Relatio et vota… super virtutibus, Congrégation pour les causes des saints, Rome, 2017, 134 pages.

Ouvrages et articles consacrés au Padre Giacomo

« Un futur saint au cimetière de Lourdes? », dans *Les Voix franciscaines*, n° 635, janvier 1950, p. 10-11.

Toller (Mario), *Il cappuccino Padre Giacomo da Balduina. Carità paziente e fiduciosa*, Udine, 1968.

Fernando da Riese Pio X, *Il Cappuccino che si fermò a Lourdes. Giacomo da Balduina*, Arti grafiche, Udine, 1969, 58 p. (trad. française sous le titre *Le père Jacques de Balduina, le capucin qui resta à Lourdes*, Arti grafiche, Udine, 1969; nouvelle traduction sous le titre *Appelé par Notre-Dame à Lourdes*, Trifolium, Strasbourg, 2019).

Fuga (René), « Le père Jacques de Balduina, prêtre et victime », dans *Notre-Dame de Banneux. La Vierge des Pauvres*, n° 89, juillet-août 1971, p. 8-18 et n° 99, mars-avril 1973, p. 7-20.

Arturo de Carmignano di Brento, « Padre Giacomo da Balduina, mite, umile e eroico cappuccino », dans *Santi e santità nell'Ordine cappuccino*, Mariano d'Alatri, dir., Postulazione generale dei Cappuccini, Rome, t. III, 1982, p. 215-225.

Saltarin (Rodolfo), éd., *Padre Giacomo Filon pellegrino a Lourdes*, Curia provinciale Cappuccini, Mestre-Venezia, 2004.

Autres ouvrages et articles consultés

Arturo de Carmignano di Brento, « I Cappuccini veneti attraverso le fonti storiche della Provincia », dans *Le Origini dei Cappuccini vendeti. Studi per il 450e di fondazione (1535-1985)*, Curia Provinciale Frati Cappuccini, Venise-Mestre, 1988, p. 152.

Bercé (Yves-Marie), *Lorette aux XVIe et XVIIe siècles. Histoire du plus grand pèlerinage des temps modernes*, Presses de l'Université Paris-Sorbonne, 2011, p. 307-316.

Bernardi (Pietro Eliseo), *Léopold Mandic. Saint de la réconciliation,* Couvent des Capucins, Padoue, 1986.

Buvoli (Alberto), dir., *Le formazioni Osoppo-Friuli. Documenti 1944-45*, Istituto friulano per la storia del movimento di liberazione, Udine, 2003.

Colotti (Enzo), Sandri (Renato) et Sessi (Frediano), dir., *Dizionario della Resistenza*, 2 vol., Giulio Einaudi Editore, Turin, 2000 et 2001.

Constitutions des Frères Mineurs Capucins de saint François, Maison Saint-Roch, B-Couvin – Curie généralice, Rome, 1910.

Felder (Hilarin), *Ministro generale e arcivescovo Bernard Christen da Andermatt e il rinnovamento dell'Ordine dei Cappuccini*, Istituto dei Cappuccini, Rome, 2010, p. 11.

Foro (Philippe), « Les limites de la culture de guerre dans l'Italie fasciste durant la Seconde Guerre mondiale », dans *Amnis*, n° 10, 2011 [en ligne].

Ingegneri (Gabriele), *Storia del santuario di Castelmonte*, Castelmonte, Edizioni La Madonna di Castelmonte, 2002.

Ingegneri (Gabriele), « Cappuccini veneti et trenteni nella Prima Guerra mondiale », conférence à l'Université Pontificale Antonianum, Rome, le 24 octobre 2015, 29 p. dactylographiées (inédit).

Lorenzo da Fara, *I Cappuccini veneti. Lo storia e lo spirito*, Dosson di Casier, Colibri editrice, 1994.

Mariano d'Alatri, dir., *Santi e santità nell'Ordine cappuccino*, Rome, Postulazione generale dei Cappuccini, 3 vol., 1980-1982.

Mariano d'Alatri, *I Cappuccini*, Rome, Istituto storico dei Cappuccini, 1994.

Massaro (Martina), « Giacomo Treves dei Bonfili (1788-1885) : collezionista e imprenditore », dans *Ateneo Veneto*, 2013, 12 janvier, p. 501-511.

Id., "Giacomo Treves dei Bonfili. Profilo di un collezionista", dans *Ateneo Veneto,* 2014, 13/2, p. 47-68.

Id., Giacomo Treves dei Bonfili collezionista e mecenate (1788-1885). La raccolta di un filantropo patriota, thèse de doctorat en histoire de l'art, Venise, 2014.

Id., « I Treves dei Bonfili tra collezionismo, imprenditoria e cosmopolotismo », dans *Gli Ebrei, Venezia e l'Europa tra otto e novecento*, Calabi (Donatella) et Massaro (Martina), dir., Istituto Veneto di Scienze, Lettere ed Arti, Venise, 2018, p. 89-104.

Mazzarello (Paolo), *L'erba della regina. Storia di un decotto miracoloso*, Bollati Boringhieri, Turin, 2013.

Regni (Pietro Vittorino), *Loreto e i Cappuccini. Storia, devozione e servizio della Santa Casa*, Congregazione universale della Santa Casa, Lorette, 1995.

Santarelli (Giuseppe), *La Santa Casa di Loreto. Tradizione e ipotesi*, Congregazione universale della Santa Casa, Lorette, 1988.

Santarelli (Giuseppe), *Tradizioni e leggende lauretane*, Congregazione universale della Santa Casa, Lorette, 1990.

Sguazzero (Tiziano), « Fonti diaristiche per la storia dei bombardamenti in Friuli », dans *I Quaderni di in prin*, n° 2, 200, p. 1-30.

100 anni dei cappuccino a Castelmonte, numéro spécial de *La Madonna di Castelmonte*, août-septembre 2013.

Table

Du même auteur (suite)

Urbain V, le bienheureux, Via Romana, Le Chesnay, 2010, préface de Mgr François Jacolin. *Histoire des conciles*, Perrin, Paris, 2011.

Louis-Édouard Cestac, Artège, Perpignan, 2012, préface de Mgr Marc Aillet.

Vu de Rome. Histoire et actualité religieuse, Éditions de L'Homme nouveau, Paris, 2013.

Histoire des conclaves, Perrin, Paris, 2013.

Benoît XV, le pape de la paix, Perrin, Paris, 2014.

Mgr Bugnini (1912-1982), réformateur de la liturgie, Desclée De Brouwer, Paris, 2015 ; traduit aux États-Unis et en polonais.

Une décennie mariophanique. 1870-1879, Éditions Nivoit, Niherne, 2016.

Fatima. Vérités et légendes, Artège, Perpignan, 2017.

Dom Gérard. Tourné vers le Seigneur, Éditions Sainte-Madeleine, Le Barroux, 2018.

L'Église dans la tourmente de 1968, Artège, Perpignan, 2018.

À la rencontre l'Église de Chine, Éditions Nivoit, Niherne, 2018.

À Wenzhou avec les catholiques chinois, Éditions Nivoit, Niherne, 2018.

Padre Pio. Vérités, mystères et controverses, Tallandier, Paris, 2019.

La Longue marche des catholiques de Chine, Artège, Perpignan, 2019.

Retour à Hong Kong, Éditions Nivoit, Niherne, 2019.

Françoisphobie, Cerf, Paris, 2020.

Le père Lamy. Un itinéraire mystique et missionnaire, Artège, Perpignan, 2020.

Histoire des traditionalistes, Tallandier, Paris, 2022.

Achevé d'imprimer par CPI BUSSIERE,
en septembre 2022
N° d'imprimeur : 2067264
Dépôt légal : novembre 2022

Imprimé en France